村上春树长访谈

猫头鹰在黄昏起飞

HARUKI MURAKAMI
A LONG, LONG INTERVIEW
by Mieko Kawakami

川上未映子 问

村上春树 答

みみずくは黄昏に飛びたつ

林少华 译

上海译文出版社

图书在版编目（CIP）数据
猫头鹰在黄昏起飞/（日）川上未映子问;（日）村上春树答；林少华译. — 上海：上海译文出版社，2019.6（2019.8重印）
ISBN 978-7-5327-8167-6
Ⅰ.①猫… Ⅱ.①川… ②村… ③林… Ⅲ.①村上春树（1949— ）—访问记 Ⅳ.①K833.135.6
中国版本图书馆CIP数据核字（2019）第064166号

图字：09-2018-1146 号

猫头鹰在黄昏起飞
［日］川上未映子/问　［日］村上春树/答　林少华/译
责任编辑/姚东敏　装帧设计/千巨万工作室

上海译文出版社有限公司出版、发行
网址：www.yiwen.com.cn
200001　上海福建中路 193 号
上海景条印刷有限公司印刷

开本 890 × 1240　1/32　印张 7.75　插页 2　字数 132,000
2019 年 6 月第 1 版　2019 年 8 月第 2 次印刷
印数：25,001—35,000 册

ISBN 978-7-5327-8167-6/I · 5030
定价：48.00 元

目录

第二章

第三章

写在前面

川上未映子

第一次见村上先生，是在距今正好十年前的一个颁奖典礼上。等待上台当中，“怎么办？讲什么根本没想！”我这么一说，村上先生接道：“那种时候微微一笑就可以的哟！”或许我因此放下心来，上台意识到时已经讲了好多好多。走出会场后，村上先生一下子朝我转过身来：“相当能讲的嘛！”说得我大笑起来。

岁月如流。后来有幸得到柴田元幸[①]老师采访村上的委托。访谈二〇一五年发表于为纪念《作为职业的小说家》[②]出刊的文艺刊物《MONKEY》，收录在这本书的第一章。对这次访谈，很多人都说“有意思”，这让我非常高兴。村上先生也好像比较满意。后来在福岛的文学研讨会上相见的时候，他对我说：“那个，蛮不错嘛，成为一本书就好了！”时间到了二〇一六年秋。村上先生写完长篇小说《刺杀骑士团长》，希望以此为中心进行正规采访。内容由我随心所欲。这样，冬天最冷的时候采访了三天，结果形成了这本书。

最初深感“背负许多读者的情思”那种类似责任的东西，准备期间这个那个想了很多。但某个时候忽然心想“想问什么就问什么好了！”——这么写来，倒是有些像相田光男[③]——是的，谁也不用顾虑，只管向十几岁就一直读下来的作品的作者问现在自己最想问的好了。不是从上面窥看村上之井东想西想，只管进去就是。如果可能，和村上先生一起进。于是，心情一下子放松下来。

采访一次也没有做过，东一榔头西一锤子乱七八糟，还喜欢刨根问底。好在村上先生无论对怎样的提问都认认真真耐心回答。作为写手也好读者也好，我都从村上春树这位作家身上、从他的作品中学得了许许多多。但这次采访以完全不同以往的层次和质感让我看到了更多更多的东西。

无论当面交谈还是书面交流，无论兴之所至的比喻还是开玩笑——村上先生的魔力瞬间所在皆是，我真真切切感受到了。虽然在那般强大的磁场中我总是不无紧张，但最初见他时的印象一直存留在那里，让我得以度过谈兴风生开心惬意的三天时间。

至于读者朋友怎样读这本书，我当然无由得知，就连对我本人究竟有怎样的意义至今都还不清不楚。但我觉得村上先生反复向我传达了两点。一是关键事项要充分投入时间，二是要逼视“此其时也”。一如密涅瓦[④]的猫头鹰，故事中的猫头鹰起飞也总在黄昏时分。此其时也！

不过这且另当别论。事情首先是，如果大家肯和我一起进去，我会喜不自胜。请，请进入村上先生的井中。

---

① 柴田元幸，东京大学文学部英文教授（已退休），翻译家，《MONKEY》文艺季刊主编，村上春树的好友。

②《作为职业的小说家》：村上春树的长篇随笔，2015 年出版。出版前曾在《MONKEY》连载。

③ 相田光男（1924—1991），日本著名诗人、书法家。尤以风格独特的笔法书写平明易懂而富于哲理性的短句、短诗闻名。

④ 密涅瓦：Minerva，古罗马神话中的智慧女神。她身旁的猫头鹰是思想和理性的象征，在黄昏起飞就可以看见白天发生的一切。黑格尔曾用密涅瓦的猫头鹰在黄昏起飞比喻哲学，意在说明哲学是一种反思、沉思的理性。

第一章

优秀的鼓手不击打最关键的音

西麻布"雨日咖啡馆"。有生以来第一次采访的对象是村上先生！这点让我不知所措。也许因为准备阶段就紧张得不得了，这个那个想过头了，因而当天深深留下来的到底只有开心这一印象。想到以后可能再不会有如此面聆高论的机会了，难免对提问内容铆足了劲，恨不能一股脑儿问个水落石出。不过，每一个回答都整个凝聚着村上先生的精髓和魔力。采访结束走到外面，但见地面湿了，光闪闪的——我们在地下室的时间里好像下了雨，现在停了。

| 朗读会的回忆

川上未映子（以下为——）：以前也说过，我十九岁时去听了神户举办的您的朗读会。

村上春树（以下为村上）：那是一九九五年神户地震后举办的，目的是募捐。是吗，才十九岁啊！

—— 是的。不知为什么，票到手得那么顺利，不可思议。

村上 记得朗读会在两个地方办的。你去的是哪场？

—— 两场都去了。

村上 都去了？厉害厉害！

—— 在元町的会馆和芦屋大学的报告厅举办的吧？两天都去了。当然知道消息那天票已经没有了，通知本身也不那么张扬。当时我正好是书店的店员，负责分发 Slip[①]。无意中一看，有朗读会的宣传单。心

① Slip：スリップ。日本书籍所夹状似书签的对折纸签，作为退交出版社的销售凭证兼追加进货订单。

想这怕是骗人、虚假信息，就打了个电话。结果拿到票了。

那场朗读会让我吃惊的，是您说了声“朗读”就开始朗读《盲柳与睡女》。那个短篇长度有八十页[①] 左右吧？（编辑部注：收录于一九八四年版《萤·烧仓房及其他短篇》）

村上 是的是的。那、可是够长的了。后悔来着。

—— 您把八十页全都念了。

村上 累得一塌糊涂！

—— 作为听众的我们，您一出场就人人聚精会神，生怕听漏一句，以致听朗读时全都筋疲力尽，意识渐渐朦胧起来，一人溜走、两人溜走。（笑）这么着，第二天朗读会上您说：“昨天朗读时间太长了，就压缩了一些。”一晚就把那个短篇整个改写一遍。

村上 嗯，太长了，砍掉了二十来页。

—— 一般情况下，另换一篇或其他选择也是有的。但在那个时候、那个地点，《盲柳与睡女》已是最佳选项，对那个地方的读者来说。想必您是为此花一个晚上改写了这部作品。改写多么不容易这点当时倒是不懂，但不知为什么被深深打动了，身不由已地排在签名队列里。

村上 是排队了。

—— 排了。“本来我并不是求您签名的那类读者……”一边排队一边和这种自我意识抗争来着。想起来了，名字本身您是房间里签好的，只在名字旁边写上日期。

① 八十页：指稿纸页数。日本标准稿纸为每页四百格，八十页即三万二千字左右。

村上 那场朗读会，感觉会场好像比我还要紧张。也是因为偶一为之，我倒是乐在其中……

—— 的确。听的人也实在都太紧张了，光知道紧张，以致有人提问简直提得莫名其妙。当时大家都拼命屏住呼吸，心想：“问的什么呀？也不看看气氛！”(笑)。如今倒是美好的回忆。参加人数也够多的了！

村上 是够多的。前不久在新西兰有个在两千名观众面前表现的机会，门票四十新西兰元（约三千六百日元[①]）。赚这么多钱合适吗？讲话的我也紧张得要命。

—— 两千人！开放性访谈？

村上 呃，是的。倒是没谈什么像样的事。

“诉说”的变化

—— 关于写作和写作周边的事，过去您不时在访谈和随笔中谈及，而《作为职业的小说家》，则给人以总结性印象——这次写得那么系统，感觉怎么样？

村上 这本书不是受哪里的杂志或出版社的委托写的。关于小说创作这一活动，以前就想把肚子里的话写成文章，也就是说是为自己写起来的。动笔是在五六年前吧？感觉上是索性把想说的东西统统倾倒一空，就那样一路写了下来。结果不用说，有很多棱棱角角（笑）。后来开始修整，以便能在世人面前公开。不过基本上是畅所欲言的。

① 三千六百日元：相当于二百三十元人民币（2018 年 11 月汇率）。

—— 写完的时候，可有一吐为快之感？

村上 哪里，没觉得一吐为快。虽然写了各种各样的话题，可有不少话题好像还是没说。例如翻译就没说。

—— 是的吧！

村上 迟早要让翻译作为翻译独立成书。届时想和柴田元幸畅谈一番，谈出一本书的分量。这样的余留主题不止一个两个。事后也难免后悔——这个、还是不说为妙，毕竟有特定对象牵扯进来。

——《作为职业的小说家》写的每个主题，都是自然而然出现的？

村上 嗯。大凡浮上脑海的，都一个接一个写了下来，结果每个话题都归纳成了一章。花时间一章章循序渐进。作为我，因为觉得会成为比较重要的一本书，所以没有设限，写得尽情尽兴。

—— 我觉得一个吸引力在于您是在对谁诉说这里——这本书，既有面向专业作家写的部分，又似乎有许多地方是面向想当作家的人，或不写小说的纯粹的读者抑或一二十岁、二三十岁时的您本人写的。您的这种姿态、这种面向并非特定而又确实存在的"谁"而写的姿态，让我感到富有吸引力。

特别是，开头发表在《MONKEY》创刊号的"小说家是宽容的人吗"那一章结尾最后一句"请到圈里来"，看得我心里一惊：这种类似号召的语句，过去好像从未写过。即使在这本书里面，您也是十分个人化地一边不断深挖一边诉说写作这件事的。只是，我觉得味道较过去多少有所不同，"我们"这一视角或者诉说方式和以往不太一样——我感觉出了这种直接诉诸听者的表达方式。其中可有您本人意识的变化？

村上 我年轻时候，理所当然，周围几乎所有的作家都比我年龄大。

在那里边，总的说来，我处于反叛性立场，或者作为局外人的意识较强。因此，针对上一代作家采取强调自我的地方也还是有一些的。袖手旁观也好，刻意保持距离也好，总之便是那么一种气氛。而到了这个年纪，那东西怕是都没有了。（笑）如今，几乎都是比我年轻的作家！例如芥川奖的评审委员们，年纪上也和我不相上下了。

—— 是啊！

村上 这一来，看作家的视线就变了。过去有些拉架子，而现在悉听尊便了。用不着套近乎，但也无需拉出对抗架势。

—— 原来有这样的变化啊！

村上 所以，如今只是怎么想就怎么说，简简单单。并非想强调什么。这本书假想的“私人演讲”听众之中，或许包括比我年轻的作家，也可能有尚未成为但想成为作家的人。那里面想必有我的书的热心读者——不是刚才提到的朗读会听众——实际上完全没看过我的书的人也未必没有。把如此各种各样的听众作为总体自然而然地接受下来——这样的意识也许增强了。想必是年龄性因素。对我所说的，有的人也许有同感，有的人没有。但我反正想把自己想说的尽可能简洁明了地说出来。

—— 对于迄今采访中“有培养年轻人或后来人的意识吗”这样的提问，你回答说“几乎没有”，我想即使现在您也大概还是这么想，悉听尊便……

村上 嗯，是那样的，基本是那样的。或者说，不伸手帮忙，也不扯后腿。

—— 可是，这本书中“请到圈里来”这个说法，感觉上您以往的作品里面好像没怎么有过。作为读者，觉得共同拥有了不同于以往的东西，感觉出了让人热血沸腾的开端。

村上 若问对年轻一代作家有没有连带感，那是没有多少的。有的只是作为同业者的职业性伦理观——这话是说得太大了——但作为从事作家这一职业之人，某种共识那样的心情是有的。倒是认为这是比较重要的一点。

—— 在这本书中，您还说对于一直坚持写作的作家怀有“一视同仁的敬意”，是吧？

村上 对于把写东西当成职业的人，尽管有合不合脾性、喜欢不喜欢的问题——理所当然——但对于这种持续性行为是怀有敬意的。因为，职业性长期持续写小说这件事，并非任何人都能做到。

丨文件柜的存在

—— 对了，这本书中提到的文件柜，即使作为想象力也够神奇的！您说自己有很多文件柜……

村上 不错，我心中有个很大的文件柜，柜里有好多好多抽屉。

—— 为此引用的乔伊斯[①]“想象力即是记忆”那句话也很耐人寻味。意识到的东西也好没意识到的东西也好，全都一个个接连进到文件柜里边去。这里，我想关键是无论写的人还是不写的人，其实都是有文件柜的。

村上 谁都有，而且都有不少。

---

① 乔伊斯（James Augustine Joyce，1882—1941），爱尔兰小说家，以巨著《尤利西斯》名闻世界。

—— 谁都有自己的文件柜，往里放东西。最重要的是能否在适当的时候即刻找到适当的存放位置，三两下立体组装起来……那就要看文件柜拥有者的本领了。

村上 是啊！写小说，必要时候会有必要的记忆抽屉啪一声自行打开是再重要不过的。否则，哪怕拥有的抽屉再多……毕竟不能在写小说当中一个个拉开抽屉找来找去，看什么地方有什么。啊，刹那间知道就在那里，于是抽屉接二连三自动打开——若不这样是没有用的，实际上。

—— 您说自动打开，若不训练不努力，那是奈何不得的吧？

村上 或者莫如说，写的当中会逐渐掌握那种诀窍。如果作为职业性小说家生活下去，那种地方自然会有意识跟上去，会凭直觉明白哪里装着什么。积累经验，使得种种记忆能够几乎半自动地高效地迅速打开，这很重要。

—— 能够组装和立体化的诀窍，反过来变得模式化的危险有没有呢？

村上 大体明白在哪里的同时，意想不到的时候有意想不到的抽屉啪一声打开，这点也很关键。没有这种意外性，就很难成为好小说。写小说这东西，毕竟是偶然性的接踵而至。小说里面，许多事件必须自然发生才行。这里必用这样的插曲——如果弄成这个样子，故事当然模式化了。没有忽然出现的东西迅速作用于对方，故事的生命就荡然无存。

—— 说到底，有素质的人能在某种程度上在自己身上发现必要的东西。而若是即使站在文件柜跟前也无动于衷的人，就不大适合写小说……

村上 只要往里面投入一小块，故事的流程就立刻波涌浪翻，这种情形是有的。酌情找出那一小块是至关重要的作业。说是特殊技术也好与生俱来的资质也好，或许唯独这个才是问题。

—— 以村上作品来说，例如《1Q84》的“青豆”这个人名就是一例吧？

村上 那是的。这个那个思考时间里，那么说来，和（安西）水丸[①]君在惠比寿喝酒的时候，酒馆菜谱上青豆豆腐那四个字忽然浮上脑海。OK，就用这个好了！

—— 呵呵呵呵。（笑）

村上 虽是毫不相关的记忆，却不知什么缘故，“青豆”这个名字在脑海中浮现出来。感觉上就好像撞个满怀。这么着，故事开始向前推进。毕竟名字马虎不得。

—— 那么，同是《1Q84》里边的“麦头”呢？那又是什么？（笑）我、很中意那个名字。

村上 “麦头”，那是怎么想到的呢？记不清楚了。不过要是叫“白桦”什么的，可就没有意思了，是吧？

—— 哪里，那不是的。村上作品的一个特征，我想就是比喻的巧妙。那也同样是自然冒出来的？

村上 冒出来的。以前有个评论家说村上春树大概往本本上记了一大堆比喻，没那回事，（笑）没那样的本本！

—— 霍地冒出来的？必要的时候冒出必要的比喻？

村上 是冒出来的。觉得是根据需要主动找上门的。

---

① 安西水丸，日本插画家。曾为《朗格汉岛的午后》《象厂喜剧》《夜半蜘蛛猴》等村上作品画插图。

—— 羡慕死了!

村上 不是霍地冒出来的时候不用比喻。刻意为之，语言就没了势头。

—— 比喻到底也是语言的组合，是不同东西和不同东西的距离吧？一种戏谑，是不是？没有惊愕就成不了比喻。不正相吻合是不成的。

村上 嗯。不管怎么说，距离感都是少不得的。互相贴得太紧不行，离得太远也不行。一旦这么逻辑性考虑起来就不灵了。非逻辑性无比重要。

—— 光是把一个词一个词拎来都不容易，何况霍然冒出！这种组合在感觉上也是事先装在文件柜里的？

村上 是装在里面的，我想。我这人，让自己变得非逻辑性可谓轻而易举。

—— 实在让人羡慕啊！（笑）

村上 事关比喻，我大体是从雷蒙德 · 钱德勒[①] 那里学得的。毕竟钱德勒是比喻大才。出格离谱的东西偶尔是有的，但好东西好得一塌糊涂。

—— 从钱德勒那里学得的，可是比喻的结构？

村上 比喻这东西，是让含义显现出来的落差。所以，只要凭感觉在心中锁定落差应有的幅度，那么就能目测出来：这里有这个，从这里反算落差，估计大体在这个地方——只要嗵一声在这里给好落差，读者势必如梦初醒。总不能让读者睡过去。心想差不多该唤醒读者了，就拿来合适的比喻放那里。文章是要有 surprise[②] 的。

---

① 雷蒙德 · 钱德勒（Raymond Thorntou chandler，1888—1959），美国侦探小说家，以知性硬汉风格闻名。代表作有《漫长的告别》等。

② surprise：吃惊，惊讶，诧异。

—— 就是说，在这里植入落差是在学习和写作过程中大致估算出来的：就那儿！于是植入那里的比喻自然而然浮上脑海。

村上 自然浮上脑海。刚才也说了，比喻那类东西若非水到渠成是没有意思的。

—— 要多少有多少？

村上 不能说要多少有多少。但基本说来，乐此不疲地写小说当中会一个个不请自来。记忆中不曾多么操心费力。

—— 大体上？恰到好处？

村上 不清楚，自己。写的时候只管适度地写，写完修改就是。但事关比喻，一般不怎么改动。绞尽脑汁反倒增加难度。

—— 例如《寻羊冒险记》，您自己说过，“羊男”那个人物忽然出场时，对自己也是个冲击。

村上 过去的事记不大清楚了。不过，写的过程中快要写到那里的时候，“羊男”仍无影无踪。总之是突如其来的。

—— 因是《寻羊冒险记》，所以羊是要有的。

村上 嗯，羊当然要有。但没打算推出羊男那种怪玩意儿，本来。

—— 那么说，作品中那个右翼大佬“先生”，写之前也没准备人物素描什么的？

村上 没有。那将是怎样一个人物呢？一边思考、想象一边写的时间里，开始一点点自然而然丰满起来。至于羊男，则是突如其来以成品形式忽一下子冒出来的，就像从天而降。和丰满成形没什么关系。

—— 总之首先要有文件柜。您身上，那种文件柜的内容怕是不断自然更新的吧？怎么更新的呢？

村上 旧的东西、到期不能吃的东西，想必去了哪里，而新的东西又从新的体验中进到里面。不曾认真做过库存清理什么的，所以稀里糊涂……

—— 仅仅拥有文件柜是不会动的。

村上 和刚才说的比喻是一回事，最合适的东西不一闪而来是没有办法的。或者莫如说，要把种种样样的东西招呼过来才行。写东西嘛，反正就是把事物召来自己这边。好比巫女，只要聚精会神，形形色色的东西就会噼啪噼啪附上身来。就像磁石吸铁片似的。关键取决于能在多大程度上维持那种磁性、那种精神集中力。

| 关于“人称”

—— 这本书中，写了很多创作方面的具体情况。您说即使长篇，也是在什么都没确定的情况下动笔的。布局没定结尾没定，莫如说正因为没定，写作才有意义。

村上 正是。

—— 我想这是您对待故事的基本姿态。但与此同时您也写道，写新作品的时候，设定某种框框，或者确定目标，比如这回这么做等等，您也是喜欢的。

村上 唔，框框我喜欢。

—— 决定和不决定，这两种要素在您身上是怎样相互影响的呢？我想听一下。

村上 我写小说当中，因为是极为自然地做种种事情的，所以很难条分缕析地加以说明。不过具体说来，比如这回确定一直用第一人称或第三人称来写，这就是一种框框。

—— 最初有那样的框框，从中自由铺展开去，是这样的感觉？

村上 是的。没有一两个具体抓手，就不容易写的嘛！

—— 没有框框、什么也没有，这就开始写是不可能的吧？短篇怎么样呢？

村上 短篇一无所有也能一开始就尽情尽兴写下去。而长篇，某种程度上就要有那样的东西才行，否则难成气候。如果不创造能在确定的框框中施展手脚的环境，那么就无可收拾了。即使在框框里边，人称问题恐怕也是最大的问题。

—— 从第一人称换成第三人称，这种变化对作为一名读者的我来说也是非同寻常的。那么就想斗胆问一下，没有什么东西因获得第三人称而失去吗？

村上 四十五六岁之前，比方说，就算用“我”这个第一人称写也几乎没有年龄差距。可是作者渐渐到了五十几、六十几岁，那么和三十几岁的“我”之间，就有了微妙的距离，不妨说失去了浑然一体之感。我想这终归是难以避免的。

—— 拉开距离是怎样一种感觉呢？

村上 极端说来，感觉就像是表演口技似的。塞林格的《麦田里的守望者》，让十七岁的主人公霍尔顿以“我”这第一人称讲述。这当然高明，足够有趣，但毕竟哪里有乖离感。因为塞林格那时已年过三十了。所以，即使塞林格，后来也没再重复一次。二者大同小异。所谓上年纪就是这么回事。就算别人感觉不到，自己也觉得“有所不同”，开始对那种错位耿耿于怀。讲年轻人的时候，不是第三人称是不容易讲的。

—— 言之有理。

村上 另外还有一个大问题，小说规模变大、情节错综复杂起来之后，以“我”这一视角截取的世界同以第三人称截取的世界之间，两个独立世界的兼容或者磨合就有了难度。《海边的卡夫卡》里面，卡夫卡君各章以“我”即可了结，而中田君和星野君各章则以第三人称推进。那固然是一个有效的方法。但像后来的《1Q84》那样再有故事穿插进去，单靠那样的折衷方式就无论如何也跟不上了。不用第三人称就应付不来——有这种纯技术性情由。

—— 噢。

村上 那么回到你的提问上面来。所谓因转为第三人称而失去的东西，过去是自然失去的，而现在已不再是自然的了，在某种情况下。对那种东西的“乡愁”是有的。只是，那种情况之所以可能，是因为那终究是一次性的。《了不起的盖茨比》基本是第一人称小说。钱德勒也是第一人称小说，《麦田里的守望者》也是。对那种第一人称小说，我本来再喜欢不过，但那种小说的写手无不在某个地方与之一刀两断。只有钱德勒例外。毕竟那是一个系列，不可能中途改头换面。不得不逐渐转往第三人称，是故事进化的结果，类似复合化、多重化的宿命。不过作为我本人，老实说，迟早还是想再写一次第一人称小说的，想再度试笔。差不多该尝试新的第一人称的可能性了。

—— 说起来，您的第一人称小说本来就和所谓第一人称小说有不同之处。发挥第三人称作用那一侧面是很明显的。

村上 那个问题取决于有没有私小说因素，我想。而我，根本没有那类因素。

—— 是啊！尽管如此，直接融入读者本人那样的地方是有的。您笔下的“我”具有独特功能。

出场人物，不羁的灵魂们

—— 这也恐怕和“故事与自己”的问题有关——您写的小说的出场人物和自己不同，有时是女性。您说过，写那么多人物的时候，打个比方，就好像让自己脚的尺寸去适合别人给的鞋……

村上 是啊！对于我，那就是写小说的一大乐趣。

—— 关于原因，您说那些归根结底是虚拟的，类似跟踪梦中发生的事。而且，像做梦那样写下去是一种愉悦。举例说来，写另类性事的时候，就会考虑读者当中有当事人，因而变得慎重起来。不是这样的吗？

村上 没考虑。怎么说呢，如果以为自己是普通人而对方不是，那么就会介意；而若自己直接身为非普通人，那么就无须介意。福楼拜说“包法利夫人是我”的时候，他就成了包法利夫人。他以这种方式把自己的判断委托于比一个人的价值观更大的东西。

—— 假设您写有同性恋倾向的人。即使读得的同性恋女性心想：“怕不是这样吧？”那也毫无关系。因为那是小说文本的独立虚构……

村上 毕竟同性恋者的想法也不至于如出一辙嘛！虽说同是作家，也各有各的文体。二者同一回事。

—— 即使在这方面，很多作家也没有 PC（political correctness[①]）那般虚乎的意识。尽管如此，在倾向上我想也还是顾忌外部种种情况，

① political correctness：政治妥协。

力求写得无懈可击。现实性状况和正确性都要考虑。常有人说“这个作家写女性写得不好”，“把男人写成一个模式”——是有这样的说法吧？

村上 有的。

—— 好像是说“男作家写的女性都是想象”。而您不大介意性别方面的问题和意见，写得无拘无束……

村上 例如写女人的时候，也不怎么仔细琢磨女人会不会这样想啦这样感觉啦什么的。比方说排卵期是怎样一种感觉，那东西我再怎么想也是根本想不明白的嘛！我只是极为一般地依照我的感觉写下去。写女人过程中，写着写着自然晓得女人作何感觉——尽管有局限性——日常生活倒是难写得很。

—— 就是说写作当中，那个故事中的女性会自然而然地有其举止言行，是吧？而不关乎切切实实的 gender[①] 的现实性。

村上 所谓现实性，较之特征性的，莫如说是综合性的。而且，现实性这玩艺儿是不断推移的。不可能硬性规定“这个就是这样的”。在这个意义上，对于 gender 这个东西，我是极有兴趣的，无论是男同性恋者（gay）还是女同性恋者（lesbian），抑或性别认同障碍者。如此这般，性（gender）里面是含有那种中间性 gender 的地带的，因而得以酌情切换自如。我身上也有女性性因素，我想任何人都不例外。小说通过灵活运用那种因素而变得活泛起来。

—— 您常说写作是“虚拟的叠积”，是吧？

① gender：性。侧重指社会性质的、文化性质的性。

村上 是的。

—— 那和现在您说的，我想是两相呼应的。一个是可能曾是这样的您，一个是可能曾是这样的自己。在那里，同所谓社会学性质的 gender 大概没多大关系。说到底，您的故事本身就很难分现实和非现实，或者说是作为动摇我们坚信这是现实的念头的东西而存在的。或许正因如此，那样的置换才成为可能。所以，我觉得即便小说出场人物具有与现实相关的特定性别、年龄和倾向性，也会有不为此所羁绊的魂灵那样某种不同的东西最后留给读者。

村上 不过，如果有人说“你描写不了女人形象”，那么我会垂头丧气地觉得：“是吗？”

真正的现实性是超越现实的东西

—— 想必与此密切相关，无论日本还是海外，一部小说成为一大话题的时候，大体说来，往往只有那部作品的名字大行其道，或者大多作为 contents[①] 来接受。是吧？不过关于您，仅仅关于您，我觉得不是任何一部村上作品，而是您写的东西整体作为一个大的东西被大家所接受。说浅显些，就是说出现了“读者追随”这么一种情形。

村上 唔、唔。

—— 这人写的书，每一本都有意思，所以看好了！较之这种外在刺激（motivation），村上作品读者更多具有“内在阅读”意味。感觉上

① contents：（书的）内容、目录。

不是去外面拿有趣的什么，而是去了那里就能返回关键场所，便是这样的感觉。内在感觉强得多。我认为是您的故事和自己的关系在那里发挥强有力的作用……作为探寻个中机微的关键词，有个词叫“穿墙”，我想。

村上 “穿墙”？

—— “穿墙”，我认为是个绝对大的要素。前不久您在《思考者》[①]长篇访谈中说来着，仅仅写现实主义长篇是“没有淘空自己的感觉的”。那句话给我留下很深印象。超越现实主义的“穿墙”感觉，无论对于作者您，还是对于小说本身，抑或对于读者，都可能是重要元素。您的小说中，短篇也好长篇也好，都有“穿墙”以种种形式出现。

村上 嗯，是出现了。所谓穿墙，就是去了那边。

—— 有时是在某人的台词中有穿墙那样的事发生，有时是出场人物自身。典型的，是刚才提到的《寻羊冒险记》中的羊男。《奇鸟行状录》中是主人公本人不折不扣地穿墙而过。即使早期作品，《世界尽头与冷酷仙境》中，故事结构本身也是一种穿墙式设定。就是说每一时期都有“穿墙”出现。不过就刚才说的那种非现实主义色彩浓厚的故事而言，读者也能够把“穿墙”这一行为整个接受下来。

那么我想问，在现实主义色彩更浓些的小说中体现“穿墙”要素时您不被现实主义所牵制，那是因为什么呢？以一部具体作品来说，比如收在《没有女人的男人们》里面的《独立器官》那个短篇中的医师——他经历了一场从未体验过的失恋，以近乎饿死的形式

---

① 《思考者》：原文是『考える人』，日本杂志名称，季刊。这里说的长篇访谈发表于 2010 年夏季号。

死掉了。那部作品基本上是以现实主义表现和推进的故事。这里让我感觉到您特有的“穿墙”要素，以现代医学常识来看，一般是不会以那一形式死掉的。然而渡会医师那么死掉了。以那一形式让他在那里死掉，作为作者丝毫也没有犹豫吗？在所写作品以现实主义笔法推进的过程中，不需要慎重些吗？比如那样的死法会不会不够自然？

村上　在那部小说中并没有感到多么犹豫。怎么说呢，那个叫渡会的人可能被死本身迷住了，或者被死抓住了，逃不出了。那是一种宿命。对于作者的我，那已经是理所当然的事。渡会那个人迄今按自己的行事机制活得风生水起，欢天喜地。而某个时候突然被“死”一把抓住了尾巴，再也挣脱不掉。至于那是过去的欠账找到头上了，还是命中注定，或者类似人的孽障，抑或仅仅运气不好，我也不明白。但不管怎样，一旦被死那个东西逮住，就别指望它松手，无可奈何。那上面没有现实主义，什么也没有。一旦被擒就一命呜呼。

——　不过大多数情况下，我想往往在那里止步不前，特别是用现实主义写作的时候。用这种现实主义步调推进的小说，估计很难像您那样实施“穿墙”。怎么说好呢，毕竟……

村上　需要进一步说明？

——　较之说明，或许对于现实性的恐惧感……要写被死抓住尾巴之人的时候，难免对医学上确实致死那类东西有所顾忌，以免被谁趁机非难。

村上　可那样一来，故事就索然无味了。

——　那倒是啊！

村上 节奏要死掉的。我一再说来着，优秀的鼓手不击打最关键的音。这点再重要不过。

—— 言之有理。

村上 不过这点在你指出之前从未意识到。因为是我笔下水到渠成的东西。问题是，如果无论如何都要就这东西一一说明，那可就无聊死了。

—— 所以，就算有人提出人是不至于以那种状态死的，也还是要说“不，要死的”，作为故事。

村上 那篇小说，渐渐想起来了（笑）。归根结底，活得那么顺风顺水开心惬意的人怎么可能那样死去呢？一般人想必这么认为。然而，是要死的，实际上。

—— 呃。

村上 意想不到的事发生了，意想不到的人以意想不到的形式死了。我最想说的，大约就是这样的情形。真正的现实性是超越现实性的东西。单单把事实作为现实来写，是不会有现实性的，而必须使之成为具有嵌入度的现实性才行。那就是虚构（fiction）。

—— 不过那是虚构，而不是现实主义吧？

村上 虚构不是现实主义。勉强说来，是被改编（paraphrase）得栩栩如生的现实主义吧！取出现实主义的肝脏，移植到新的身体。关键是要取出活生生的新鲜肝脏。小说家这东西，在这个意义上，和外科医生是一回事。必须迅速而精确地处理事物。一旦磨磨蹭蹭，现实性就死掉了。

—— 知道这点本身，就是一个大引擎啊！

村上 一点不错！

让故事“潜入”

—— 想再多请教一下您的故事和自己的关系。您在这次出的书中也写道：“讲故事这东西，换个说法，就是亲自下到意识底层，下到黑暗的心底。”与此同时，让我深感兴趣的，是您在一次访谈中说的那句话：“我对于地面上的自我完全没有兴致”。

村上 不是完全没有。不过真可能对那一种类的自我几乎提不起兴致。

—— 几乎提不起兴致。您能就此多说一些吗?

村上 举例说吧，我不喜欢读所谓私小说作家写的那类日常性自我纠葛的东西。对自己本身的那种事也没太深想。因为生气啊、失望啊、不快啊、烦恼啊，那种事当然在我身上也是有的，但我没兴趣琢磨这些。

—— 想写这些的心情也……

村上 我想是没有的。相比之下，更有兴趣的是寻找自己心中固有的故事，把它拽出来，观察往下将会从中发生什么。因此，日本私小说那类东西，读起来完全莫名其妙。

—— 啊哈哈（笑）。

村上 说到底，我想那首先是声音（voice）问题。如果我的声音能和别人的声音交融互汇，或者泛音和泛音一致，读者就肯定有兴趣读。最初的《且听风吟》和《1973 年的弹子球》，我觉得读者是因了那种声音的交响、泛音的呼应才读的。这点至为关键。但从《寻羊冒险记》往后，就能够把那声音带进故事世界，和故事主轴“同期”了。大致说来，我想那是作为作家的我迄今走过的路径。先有声音，这是前提。如果没有交响那样的东西，哪怕故事写得再有趣，也是不大可能引人入胜的。

非常不可思议的是，我的小说即使被人翻译过去，声音也没消失。这总是让我觉得不可思议。我只能读懂英语，就英语来说，阿尔弗雷德·伯恩鲍姆（Alfred Birnbaum）翻译也好，杰伊·鲁宾（Jay Rubin）翻译也好，菲利浦·加布里埃尔（Philip Gabriel）翻译也好，泰德·古森（Ted Goossen）翻译也好，声音大体上无不相通。那真是不可思议啊！

—— 那恰恰导致一种不同：私小说自我层面的声音和现在您所说的与故事相呼应层面的声音也是不同的，是吧？尽管翻译之后语言改变——这点自不必说——自我层面的表层部分全部改变了……

村上 唔，自我层面、地表层面的声音的呼应总的说来是浅层的。而一旦潜入地下再出来，即使看上去相同，但泛音的深度也是不同的。一度潜入无意识层面再重新出来的材料（material）和之前不一样了。相比之下，不努力潜入而直接写成文章的东西则缺乏回响。因此，我所说的故事、故事，总之就是让材料潜入。潜入得越深，出来的变化越大。

—— 有道理。让故事“潜入”，这个说法太好了！

村上 炸牡蛎过油似的。

—— 炸牡蛎，“唰”一下子，肯定好吃（笑）！

村上 正面炸四十五秒，翻过来炸十五秒（笑）。

—— 就您来说，用一两年时间投入全部精力写长篇——得以让那个故事潜入其中。与此同时，哪怕作品再短，也有同样的潜入发挥作用。因此，尽管幅度不同，但所有声音的深度是相通的，是吧？想来，这也让人不可思议……

村上　采访时也是这样。例如就《地下》采访时，毕竟采访对象不是专业写手，而是普通市民，所以采访过后，就要把录音带倒过来，让它在我本人身上钻一遍。不不，或许相反，更应该说让我本人在对方话语中钻一遍。总之钻过之后，从中出来的东西同单单机械性写出的原稿明显不同。不是要把采访稿给本人看的吗？结果对方说：“呃，和我说的一模一样。”但仔细看还是有很大不同的。

——　这太有意思了！感觉上好像有“潜入”的本质出现在那里了。

村上　基本上我是人家怎么说就怎么写。可是，包括细微顺序在内，文章的效果我还是追求的，进行相当彻底的 reconstruction（重构）。

——　不过您采访的本人读了……

村上　我认为他会觉得一如自己所说。因为事实上我一没增补二没删减，而仅仅是把那个人的声音变得更容易和别人产生共鸣罢了。通过这个办法，使得那个人想传达的现实性更加现实。这其实也是小说家日常从事的作业。

——　这个“潜人”说明，实在太有现实性了！

村上　所以对我来说，采访也好，写随笔也好，写短篇也好，或者写长篇也好，写东西时的原理都是一样的。让声音变得更现实，这是我们的关键任务。我把它称为“魔感”。有个故事说大凡迈达斯王[①]之手接触的东西都会变成金子，和那个是一回事。假如不是或多或少有这种魔感，就不能写出让人掏钱买来读的东西。当然，大凡作家都各有各的魔感……

---

① 迈达斯王，希腊神话中的弗里吉亚国王，因点石成金的故事而为人熟知。

—— 是的是的，各有各的。

村上 不过，如果一口断定说没有这种单纯而宝贵的“魔感”就成不了作家，听起来会相当傲慢，毕竟没有的人可能就是没有。所以我尽可能不那么说、不那么写。但实际上是这么回事。

—— 我想请您再多少具体结合自己的作品谈谈“魔感”。例如，有时要写三个主题、话题的吧？那里边也有魔感发挥魔力。就是说，尽管写的是一开始定下的三个话题，但最后从中出来的故事不是普通的三题故事，而和全然想象不到的地方连在了一起，摇身成了同一个故事。这莫非就是“魔感”的一个过程？

村上 是的。例如《东京奇谭集》那个短篇集中，有五个短篇就是分别抓住三个关键词写出来的。短篇嘛，可以像玩游戏一样开心惬意。那里收入的短篇便是以那种感觉一挥而就的。

—— 而写长篇，“魔感”的作用就要每天接连不断，一天天深挖不止。

村上 不过，“今天没有魔感啊！”的时候也是有的。（笑）那是奈何不得的。魔感不可能天天不请自来。尽管这样，也还是要写，一天也懈怠不得。啊，今天觉得不行，不行也不停笔。反正要写出规定的量。写出来才能修改。再说，写长篇必须大跨度思考问题。

——“现在魔感上来了”——这样的感觉是有的吧？还是写完了才觉察到的呢？写的过程中“上来魔感”那样的质感……

村上 大体同时出现。“此其时也”的感觉固然有，但长篇这东西，毕竟是长跑，所以总是今天有今天没有的周而复始。不过以大跨度来看，结果上还是该有就有的，总体上。总之要信赖自己。较之写小说，莫如说是在厨房里一个一个炸牡蛎——最好这么想。

—— 写小说这东西，是非常个人化的行为，是秘密进行的事，很多地方别人是很难看到的。不过刚才说的《地下》采访，客观上非常浅明易懂。

村上　所以这么听起来可能非常自以为是——别人就算整理出我那样的采访稿，我想也是绝对出不了那种效果的。因为是我，才成了那样一本书。这不是什么自吹自擂，而是我本来就有意那么做的。就结果而言，倒在很多意义上是一次再好不过的学习……

——　那点在您的翻译上也是共通的吧？

村上　那我不清楚啊！我搞翻译，是尽可能老老实实贴着原文翻译的，我认为这是第一位的。

——　不过，不知不觉您怕还是要“中魔”的吧？

村上　噢——果真那样，那终归是下意识的。自己意识不到。作为我，自以为是原原本本、规规矩矩地把英语转换成日语的。短句子或段落什么的，看上去不那么明显，而作为整体，看上去也许有我的气味那样的东西一点点渗出。倒是没怎么意识到。

——　说到底，想要翻译这本书的时候已经开始了也说不定，说不定就有了那种笔调或类似交响的什么。

村上　不过作为翻译，“这里我会写得更好”那样的修改可是绝对没有。我想尽可能按照作者所写的、把作者眼中的风景原模原样直接移植过来，所以不会擅自改动内容。这和听采访录音写稿时一样，这里那里调换顺序或调整句子长度是常有的。或者把长句子拆成几个，或者把短句子拼在一起，毕竟英语的实体性和日语的实体性多少有所不同。但这恐怕是任何译者都做的事。结果倒是可能出现译者的笔调……

——　那么说，归根结底，让故事深深潜入和魔感的关键部分可是技术问题？

村上 不，我想不是的。技术终究不过是手段。作者是文章专业户，拥有技术理所当然。关键是要把技术组织和统合起来。

—— 此外就是要让故事潜入，是吧？

村上 那当然！就我来说，首先怕是节奏（rhythm）问题。对于我，节奏比什么都宝贵。比如翻译的时候，把原文照原样准确译过来固然重要，但有时候必须调整节奏。这是因为，英语的节奏和日语的节奏，结构本来就有区别。这就需要把英语的节奏因势利导地巧妙转换成日语节奏。文章将因此而活泛起来。行文技术也是为此动用的手段。

—— 是啊，到底是靠节奏。

村上 是的，是靠节奏。不过这终究是就我而言。没有节奏，事情就无从谈起。

文章的节奏，取决于修改

—— 读您的短篇，吸引人的不是技术、长度和故事梗概什么的，而是读完后有东西渗透进来。一种想使之再现的愿望撩拨着许多写手的心情。举个例子。就我个人来说，读《象的失踪》的时候，就想写那样的东西。怕是因为对上自己的脾性了吧！我想那仍然来自您文章的节奏——一种无可指定、无可言喻的“合脾性”感。

村上 总而言之，我想小说的声音和读者的声音是呼应的。里面当然有节奏，有回响，有呼应。那么怎样才能把那种声音弄出来呢？说到底，就是“修改”。首先粗线条地写下来，然后一遍又一遍修改、打磨。这一过程长得几乎让人担心会不会永远持续下去。这么着，自己的节奏或顺利呼应的声音就会逐渐形成。较之眼睛，主要是用耳朵修改。

—— 《作为职业的小说家》里边也就修改这一点说得相当动情，是吧？

村上 我的修改——自己说是不大好——是相当厉害的。本来我不太想自吹，但这一点上觉得自吹一下也未尝不可。

—— 一开始反正统统写下来再说。义无反顾地——尽管要重读一下昨天写的部分——写完再说。什么那里怎么样啦也不特别回头看。

村上 写完修改就是。所以写第一稿的时候，就算有些毛手毛脚，也只管大踏步奔向前去，脑袋仅此一念。趁势搭上时间浪头，勇往直前。大凡眼前出现的都不放过，一个个擒来笔下。当然，光是这样，故事难免这里那里自相矛盾，但不把它放在心上，写完调整好了。要紧的是自发性。唯独自发性是技术捕捉不了的。

—— 想到这要持续到完稿为止，实在太不容易了。

村上 嗯，远非易事。所以，写长篇小说的时候，我只能一气呵成，杂志连载什么的，绝对无从谈起。连载时要把全部脱手的东西分开连载。毕竟是现写，有时要花好几年时间才能写完——孤独的作业，累得一塌糊涂。也有人说不现写也可以的嘛，先在杂志上连载，然后统稿有何不可！可我做不到。一旦印出来给人家过目了，就不再是纯属自己的东西了，没办法在黑暗中操作了。这样，反正就是要花时间修改到自己满意为止，这才付印。自《寻羊冒险记》以来，长年累月我一直这么写，此外的写法写不来。

—— 看了这本书，我才具体得知您重写了何等庞大的量。如此推倒重来，让人吃惊。而且用这种写法居然写了那么多，太了不起了！

村上 写长篇的时候，别的事一概拒绝，所以能够专心。对我来说，专心就是一切！

—— 关于节奏，刚才也说到了，您常常用印象深刻的音乐来比喻。

村上 我喜欢看书，对于写东西本来没多少兴趣。作为心情，更喜欢的也许是音乐。

—— 当音乐家的心情没有的？

村上 不成啊，遗憾的是我摆弄不好乐器，乐器不擅长。如果会乐器，真有可能跑去音乐那边了。

—— 那么说来，您的小说中几乎没有男性乐手出场。一下子想得起来的，也就是《托尼瀑谷》的瀑谷省三郎？（注：收录于一九九六年版《列克星敦的幽灵》）女性里边倒好像有一些。不过在她们那里，怎么说呢，是某种失落感和音乐紧密结合在一起。

村上 没注意，有可能的。怎么回事呢？在我身上，音乐这东西大概和女性自然而然地连在一起。

反正，我从小就听音乐听得足够热心。加上经营了七年爵士酒吧，所以乐器固然不会演奏，但音乐啦声音啦即兴演奏（free improvisation）的感觉，还是相当深切地渗入骨髓了的。因此，以类似演奏音乐的感觉来写文章那样的地方，我想的确是有的。或者莫如说一边用耳朵确认一边写作。另外，虽说不是“穿墙”，但出色的演奏在有的地方是会忽一下子“穿”往对面的。即使爵士乐悠长的即兴演奏，即使西方古典音乐，在某一时间节点，也还是有一种踏入天国领域的惊炫瞬间的。

—— 是啊！

村上 如果没有那种忽一下子“去了那边”的感觉，就不会成为真正让人感动的音乐。小说也毫无二致。不过，那归根结底只是“感觉”、“体感”，而不是能够逻辑性计划的东西。音乐也罢，小说也罢。

村上春树令人惊讶的“坦率”

—— 这回出版的这本《作为职业的小说家》的《后记》，其中打动我的，是您三十五年间对于写作始终如一的态度。不过从您动手写作之前您就喜欢看书的吧？

村上 唔，喜欢得不得了。

—— 最喜欢的还是小说吧？那个世界已经在您身上深深扎下根来，这本书成了创造那一世界的侧面——您对于作为作家做到这个程度的喜悦和惊诧十分之大，而这点至今仍未消失——看书当中我确实感受到了。

村上 我这样成为作家之前，看书终归是我的兴趣，根本没想到自己会写小说。虽说由于偶然的缘起写了《且听风吟》和《1973 年的弹子球》两本书，但写并不是多么费劲的事。说是消遣性写出来的固然是口出狂言，但作为实感，确是兴之所至一挥而就的。不过，半途而废的可能性也是有的。一来主业一帆风顺，二来喜欢开店。但我想写更正经的东西，也认为一定写得出，就乘兴写了下去。结果自己想写的世界越来越大，越来越有意思，到现在写了三十五六年小说。从我的角度看，的确除了惊讶没别的！因为写之前从未认为自己有写小说的才能。

—— 您对此始终惊诧不已，这点从《后记》中也感受到了。在近来出版的《村上君那里》① 中也感觉出来了，您说得的确够坦诚的啊！

村上 也没有要遮掩的地方嘛！

—— 可这不是并不少见的吗？

---

①《村上君那里》：村上さんのところ，村上和读者的电子邮件通讯集，新潮社 2015 年出版。

村上 怕是少见的吧！倒是不大清楚。

—— 就一般情况来说，我猜想大多数男人是怕别人晓得自己有不知道、不懂的东西的。如果不被认为自己无所不知，存在感就保不住了。或者不能马上就什么做出说明，就有挫败感等等，让人觉得有掩饰自己有所不知的倾向。总好像不愿意向别人问路……（笑）

村上 哈哈哈。我是不擅长一一说明什么的。不懂就是不懂，不知就是不知。那有什么办法呢！

—— 坦率得甚至让人觉得您是不是在转圈表演“村上春树”。

村上 不，没那回事。我想不是表演，我没那么灵巧。

—— 是的吧！这种地方到底让人吃惊，无论如何都想强调一下（笑）。例如您常说“故事需要鳗鱼”、“伤脑筋时问鳗鱼好了”。刚读的时候，心想：“其实全都懂全都写出来了，还说什么鳗鱼！什么都没定怎么能写出那样的小说呢！”（笑）看来不是的啊！或许您真和鳗鱼商量了。坦率！我觉得是够让人吃惊的。

村上 噢——能让你夸奖我很高兴。不过嘛，我想我本身一直是在被人讨厌当中活过来的。

—— 没想到。不是一出道就有读者追捧的吗？

村上 部分人或许给了好评。例如路上遇见的人，不是有的说自己是村上小说的铁杆粉丝吗？当然那可能是真的。不过我猜想不出两年，恐怕就要说“村上已经不灵啦”什么的。“以前还好，可新东西简直提不起劲来啊，读不下去！”（笑）我大体上是这么想象着活过来的。

—— 就算当时是那样的，那么，眼下情况怎样呢？

村上 眼下情况不清楚。毕竟写了三十五六年小说，眼下书也大体卖得动，所以我想某种程度的读者还是有的。但就我本人而言，被支持的切实感觉几乎没有。迄今为止漫长时间里，我一直觉得自己被世间所有人讨厌。不是说谎，真的。

——《挪威的森林》以后也是？

村上 一直是。或者莫如说《挪威的森林》以后变本加厉啊！正因为那让我心烦，才离开日本去国外生活，相当孤立地生活。回想起来，待在日本的时候可能是少的。

—— 不可思议啊！单单就被消费式的销售、阅读来说，有那样的感觉也是可以理解的。但您的热心读者不是基本固定的吗？一直有那样的读者。

村上 所以说，有人适合成名有人不适合。痛快说来，我完全不适合。为此欢欣鼓舞的时候一次也没有。走来这里接受采访的路上，一个年轻男子骑自行车追了上来，说村上君握握手！我说好啊，就握握手。而我可是不明所以，觉得那种事好像与己无关。

—— 那才是地球上的自我问题呀！

村上 的确像是与己无关。怎么看都是普通人嘛，我。不是演戏，我真的是普通人，想法普通……不是的？（笑）

——（笑）

村上 基本上是再普通不过的人。想法倒是可能有点儿不普通……

关于中上健次的回忆

村上 过去，更早些，我起步的时候，无赖派[①] 那些人还很红火来着。

---

① 无赖派：日本战后初期风行一时的作家群体，代表人物有太宰治、坂口安吾、石川淳等。

—— 是有那样的时代。

村上 天天在闹市街头喝得醉醺醺吵架，那就像是常态。我起步那阵子，最有实力的，是比我这一代早些的中上（健次）先生。他具有某种主导权（initiative）。中上这个人，怎么说好呢，虽不能说是无赖派，但喝起来也够粗野的。

—— 听说非常豪爽。

村上 （村上）龙也是相当为所欲为那一类型。再往上一代，吉行（淳之介）什么的也有点儿出格离谱。去银座玩啦，感觉上便是那么一个世界。

—— 我想现在也是有文坛的吧！有文艺刊物，作家通过那种人际关系和活动而存在。倒是很难想象不久前的过去有作家想明确取得主导权啊！那个作家的意见啦眼神啦左右很多东西——或许真有那样的气氛？比如在评价文坛新人方面。批评家曾经作为那样的存在发挥作用来着，这个倒是明白。

村上 怎么说好呢，感觉上就像约翰·克特兰 (John Coltrane) 象征六十年代爵士乐似的，中上先生极为理所当然地处于文坛中心。有那样的印象。

—— 倒是仅就我的感觉来说，如今好像已经没了那样的文坛中心。日本文学方面，比如您……没成为楷模，毕竟是特例。所以，比方说，中上健次先生或许可以说也是时代使他成为楷模的。我是能感觉出某种关联。可是，比如即使有人想成为您这样的作家，您也没法成为楷模。因为活动也好受众也好，都没有例子。

村上 毕竟我是个极其个人化的人。这次的书上也写了，我根本无法考虑我这个人、或者我的做法对日后想写小说的人会成为一种参考、一个楷模什么的。

—— 可是，您在文艺界以外也不断为人瞩目，现实中最有影响力——您不正是这样的作家吗！

村上 果真？我倒不那么认为。

—— 啊，作为存在方式，在某种意义上我想是空前绝后的。是不是呢？——问本人是问不出来的。（笑）您不也说过，自己在文坛或者文艺界的立场什么的变了。

村上 嗯，是变了。首先，如今的文艺世界或文艺行当，没有中上先生那样的存在，没有核心人物。莫非中空状态？结果，许多人好像是在靠一种"残存记忆"来运行。我本身可是想和那种东西保持距离的……

—— 感觉上，以您的热心读者为主，那以后的作家和读者也采取个人主义姿态似乎是势之所趋。像过去您成名当时感受到的压抑气氛彻底淡薄了。也许不过是我迟钝罢了。（笑）

村上 我出道那时候，文坛上最让我讨厌的，是一种类似主题主义的东西。举出如此这般的主题，说这是纯文学啦有深度啦，顶顶讨厌这个。所以我就想，我就是要把主题统统扔去一边，写出有深度、有重量的东西！如今不光我，整个事态也正慢慢朝那方面过渡。我认为过渡本身大概就是好事。至于能有什么取而代之，那还不明确。

倒是与此无关，我和中上先生第一次见面时的事，上次可说了？

—— 说了，是在杂志对谈上说的（注：《国文学》一九八五年三月号特集"中上健次与村上春树"，题为《中上·村上对谈：发自写作现场》）。

村上 准确说来，那并不是头一次。因为中上先生在我成为小说家之前来过一次我开的酒吧，偶然倒是偶然。不过没有好好正面交谈。是的，是在新宿的“中村屋”见面对谈的。对谈完了，中上先生和我乘电梯时问我：“往下不一起去喝一杯？”而我拒绝了：“可以了，得回去了。”所以拒绝，是因为当时我想作家之间那样交往怕是不大可取的。自己还年轻，年轻气盛。现在想来，当时一起去喝一杯就好了。

那时我是全部读完中上先生的著作后对谈的，心想此人确是出类拔萃的作家，现在也那么想。尽管如此，那时反正有一股顶撞的冲动。到底年轻啊！

—— 对谈本身可大体顺利？

村上 不清楚啊！毕竟当时实力截然不同，不知道话说得是不是得体。

—— 不过是中上先生主动找您对谈的吧？那怕是因为关注或者认可您的关系。

村上 那时候，每有新人出现的时候，老一辈作家就想：“那是怎样一个家伙呢？鉴定一下看看！”——我想是有那样的地方的。

—— 感觉像是验证仪式。

村上 那时若是一起喝一杯会说什么呢？或者抓打起来也不一定(笑)。

—— 那人精力充沛得很！

村上 不过说固执也好自以为是也好，年轻时候的我也怕是绝不甘拜下风的。(笑)

—— 您当时感觉到的那类上下关系啦，跟或不跟哪个权威啦——有那种权力欲的人，哪个世界上都有一定数量。而现在的作家已经分道扬镳了。

村上 但愿。

“脑袋沸腾”的时候

—— 还有，这本书让我觉得特有趣的，是您写的这样一句话：“写完长篇小说的作家，几乎在所有情况下都要脑袋充血，脑浆过热，神志不清。”看得我禁不住笑了。可冷静细想，差不多真是那样。您接着写道：“神志不清本身并不是什么问题。尽管如此，还是要自觉‘自己在某种程度上神志不清’才行。”（笑）

村上 一点不错！因为如果不在某种程度上神志不清，长小说是死活写不出来的。

—— 所以您说：“对于神志不清的人来说，神志清楚的意见总的说来是宝贵的。”可您这么写的时候，知道自己此刻是清醒的？

村上 知道。可知道也没什么用。毕竟头脑发热，保险丝断掉了，那是奈何不得的。肾上腺素到处横冲直撞。花了好几个月好几年全力以赴写小说，大功告成之日，必然无懈可击——总之处于一列火车风驰电掣的状态。

—— 哈哈哈。

村上 喝令停下也是停不下来的。得花时间、花距离慢慢减速，不可能马上停住不动，不是吗？只能慢慢调整呼吸，慢慢刹车。

—— 那时感觉可好？

村上 那还用说！当然！

—— 就是说，脑袋沸腾了，沸腾得舒心惬意。

村上 等列车停稳了，喘口气让脑袋冷却下来，然后重看原稿。结果，“啊，这里不行！”“这地方缺了什么！”这类部分渐渐浮现出来。所以，列车停稳前千万不要把稿交给编辑。

—— 要让它睡一觉才成？停车前不能交稿？

村上 不能！（笑）脑袋还在发热，糟糕部分看不出来。看见的全是好地方。

—— 反正要等神志恢复之后。

村上 问题是，若是有现实截稿期限，那恐怕就难办了。

—— 等不到作家恢复神志嘛！作为作家的理想固然合情合理……某种程度上，环境还是要自己创造的。

村上 是啊！见雷蒙德·卡佛[①] 的时候说了很多很多，他的写作方法什么的也问了。果不其然啊！很有共鸣。他也是修改起来一丝不苟的人。

｜追求唯独自己才能做的事

—— 另外，在这本书中您也谈到了核电和社会问题。小说家对于社会问题是否发声，虽说有此一时彼一时的气氛变化，但经常有人说小说家过于不作为、过于不发声。一般说来，也包括我在内，如今的年轻作家当然有积极活动、积极发声的作家，但认为小说家是写故事的人而应该同那些社会问题划清界限并为这种态度心安理得的人也有很多。我觉得那里面也有您的影响。比如小说家不发表意见这点很关键，重要的是保留意见继续观察以便写故事……

---

① 雷蒙德·卡佛（Raymond Carver，1938—1988），美国当代作家，尤以短篇小说知名。村上翻译了他的全集。

村上 不错，好像给了不好的影响。

—— 不，我不认为是您不好。不过为此而乐在其中的情况似乎是有的。比如我这样的，自己心里就这么想。小说家重要的是首先写好故事——因为村上先生反复这么说了，从中“各取所需”的心情并非完全没有。说起来，自己也被征求意见来着，却回避发声——或者不妨说是为此任意找出某种正当性。可是现在的作家所处的语境和您经历的时代背景截然不同，不是吗？您开始创作的当时表明自己选择不介入，实际上是非常具有能动性的政治性行为。

村上 是啊，那是对六十年代学潮的幻灭感带来的。

—— 您采取不介入姿态，在当时，在某种意义上是选择更深的介入。但我们今天所采取的不介入姿态，恐怕仅仅是规避风险的“浅度不介入”，不愿意承受您那样的风险。当然，这样的问题最后不妨由大家自行其是来了结。而另一方面，今天二十多岁到四十几岁的作家们，应该同社会结成怎样的关系呢……

村上 刚起步的时候，我之所以不愿意就社会问题发言，首先是出于对学生运动期间语言纯属消耗和徒劳的怒不可遏，再不想让语言白白死掉了。对所谓新左翼之人的话语有一种抵触情绪。一边回避这些，一边表达自己想表达的什么——到底怎样才能实现呢？那是极为艰难的，毕竟我是个非常个人化的人。去神宫球场也不唱东京音头[①]。（笑）至少再不像以往那样消耗语言而又作为个人发出社会性信息不是件容易事。究竟如何是好？摸索倒是摸索了。也并不认可因是小说家所以

① 昭和初期民谣风格的流行歌曲。西条八十作词，中山晋平作曲。最初的名字是“丸之内音头”，1933 年改名为“东京音头”。

无需做社会性发言的态度。

—— 呃，我想是那样的。

村上 总的说来，最近往右靠的作家好像发声更多。

—— 是啊！说的话让人怀疑是否神志正常。

村上 相应产生的危机感当然是有的。不过不是像以往常说的那样“进城行动，上街呼号”，而正在摸索采用什么方法合适。要争取找到能够让信息最为准确抵达的语言选择方式、场所的创造方式，这是我现在坦诚的心情。

—— 迄今为止，您一直写相应的故事来对抗到处虚张声势的和被消费的口号式话语，对抗四下漫延的浅薄话语带来的危机感。不用说，想必往下也还要在小说中推进这样的作业。您的意思是说现在正摸索另一种方法？

村上 是啊！我想应该在某种程度上说得更直接些。差不多到了该有所行动的时期。有的事情正在思考，可能要花点儿时间。

—— 今天即便仅仅听得您这么说……

村上 泡沫经济崩溃，接着有神户地震，有3 · 11，有核电问题。通过这些考验，我原本认为日本会成为更为洗炼的国家。但是，眼下显然是朝着正相反的方向行进。这是我开始怀有危机感的缘由，我想我必须设法做点儿什么。

说到底，一九六〇年代后半期我们所以战斗，是因为心底有理想主义。大体相信世界基本会成为好些的场所，必须为此战斗。这在某种意义上诚然是天真的想法，但反正那种理想主义是有的，并且发挥着作用。而它一下子土崩瓦解，带来强烈的幻灭感。不过，最近我觉得那种东西好像忽然转了回来。毕竟我们不能总是周而复始，必须进入新的动态。那么要做什么呢？这么问也不好办。原则上，只能在自己的岗位上不慌不忙老老实实做力所能及的事。问题只是把写小说这一作业和发表具体声明的分界线定在哪里，这是非常艰难的啊！

—— 您常说，作为其中一项，进行分析和说明、连续写随笔，对创作没什么好作用——我想与此关系相近。就是说，为了表明个人立场而就什么发言，在某种意义上也是十分劳心费神的事，结果使得自己拥有的份额变少了。现在的年轻作家虽然也想根据现今的处境写小说，也想做许多事，想做只能通过写小说来做的事，但恐怕必须采取某种具体行动才行。而这正是各自面对的状况。

村上 认真追求自己能做的事，如果可能的话，追求唯独自己才能做的事，对于我是重要目标。至于怎样找到“唯独自己才能做的事”，怎样找到自己同外部的切切实实的接点，那不是容易事。

—— 对有的人来说，或可成为楷模。什么都无所谓，反正是唯独自己才能做的事……

村上 毕竟小说家嘛！不管怎么说，做东西的人，追求唯独自己才能做的东西是最要紧的。或许多少走些弯路。作为构想，同社会上的所谓因为这么做正确所以这么做那类范式应该有所不同。

始于和书相遇的奇迹

—— 这回我强烈感觉到的，是您一开始就说三十年前反复说过的话：一是为了消除赘肉而过有规律的生活，能动地待命；二是维持足以潜入心灵底层而又从中返回的体力。而这两点对于您心目中“作为职业的小说家”有多么重要。

村上 嗯。倒像是一条道跑到黑，可我一向絮絮不止的确定是这个。

—— 那当然也是您的人生状态。在这个意义上，除了您，我想任何人都无法再现。但我强烈觉得读者也还是会从中得到某种大的东西。您的文章中产生的节奏啦，让故事潜入时出现的东西啦，读者也会整个接受下来，怀有想向那种东西靠近的类似憧憬的心情。因此，据说征集新人奖作品时，一时有相当不少的应征作品是您那样的行文方式……

村上 那个嘛，我也常听人说，莫名其妙啊（笑）。所谓相似是怎么一回事呢？

—— 有的小说只能让人认为："好喜欢村上春树啊……"

村上 我也不时读得给人说成"和村上君一模一样"的东西。不过作为本人觉得一点儿都不一样，很想问到底哪里一样？感觉上？

—— 倒也是啊！出于喜欢这点感受得到，气氛也在模仿，而是不是相似，那或许就是另一个问题了。

村上 六十年代快结束的时候，冯内古特[①]啦布劳提根[②]啦，那些人人气大得不得了，我当然也喜欢来着，心想若是能写出那样的文章就好了。可实际上怎么也写不出来。作为那些人的小说风格，"啊，小说这东西也可以这样写！这种写法也是有的！"那样的通透性倒是起了不少作用，但文章遣词造句很难依样画葫芦。

—— 写不来。再说写得来也没了写的意义。这是因为，假定有非您

---

① 库尔特·冯内古特（Kurt Vonnegut，1922—2007），美国当代小说家。村上说"受其影响也是事实"。

② 理查德·布劳提根（Richard Brautigan，1935—1984），美国当代小说家。村上认为一般作家"很难描摹（他）那种静谧、温柔而又充满妙趣的独特世界"。

莫属的那种“村上魔力”，一来我认为那当然是持续写作当中打磨出来的，二来我想在方法论上也是久经洗礼炉火纯青的。不过在那之前会不会有开始写作前您身上就已存在的类似原矿石那样的东西呢？

村上 可能有的吧！我想不至于完全没有。尽管终归是从结果上倒推出来的……

—— 开始写小说以前的生活中，例如写给谁的信或交谈中可有让“魔力”那样的东西发挥作用的什么？在不同于创作的日常感觉上。

村上 觉得情书写得相当够意思，如说服力什么的。

—— 怪不得（笑）。倒是道听途说，初中时代您好像是个传奇性学生，是吧？

村上 不大清楚。不过电影导演大森一树君和我同是兵库县芦屋市立中学的，比我晚三届。他的班主任老师也是我的班主任，一次他编文艺刊物啦文集什么的，结果那位班主任老师这样说道：“那样子不行的。三年前有个叫村上的厉害学生，你连他的后脚跟都比不上！”（笑）大森君倒是说：“春树君，当时你就有名了！”

—— 众多学生里边能给老师那么说，实在非同一般啊！

村上 不过我可是没有对得上号的记忆。

—— 那时候就喜欢写东西来着？

村上 哪里，不怎么喜欢的！写作文什么的，倒是常常被夸写得好。但我自己并不认为多么好，再说写也没觉得开心。只是，给人家写读后感，写完了吃请来着。给一个抓耳挠腮写不出来的家伙代写，对他说写出来了得请吃午饭，就唰唰一挥而就。回想起来，和现在做的一个样。（笑）不过考试成绩不怎么样。所以，感觉上好像几乎没得到学校的关照。

—— 接受早稻田大学的坪内逍遥大奖时的演讲，您也说来着：“全然不曾得到学校的关照”。（笑）

村上 大体是自己一个人这个那个鼓鼓捣捣。没有多少从学校学得什么的记忆。个人收割倒是够忙的。

—— 想必因为早就大致看了个遍。即便不用功，世界史啦国语啦，特别是英语……

村上 嗯。那种书看了很多。适当以自己的步调一鼓捣，大学什么的就进去了。毕竟那时候的早稻田大学考试比较容易。

—— 当真？（笑）说千道万，您就是那般喜欢看书的吧？

村上 独生子这个关系很大，我想。在外面打棒球，去海里游泳，当然书也看了，独处的时候大体看书。家里到处是书。只要有书，就不会无聊。猫和书是朋友啊！

—— 一个人成了“作为职业的小说家”，为了维持下去就必须首先喜欢看书——怕是从这种地方开始的吧？不过，至关重要的是，喜欢看书这种地方是没办法教的。不能强制谁必须喜欢。如果不是所有的偶然不约而同地遇上书，如果没有一颗对书本世界一往情深的灵魂，我想就不会发展到笔耕不辍的境地。在村上您这个人身上，那种奇迹般的偶然重合在一起，促成您开始写小说，送去评新人奖……一切由此开始，最后走到这本名为《作为职业的小说家》的书这里。是吧？

村上 是啊……总之我在这本书中最想说的是，比如要想当作家，“就要和自己认定的对象全方位发生关系，一切取决于那种介入的深度”。若问那种介入是怎样一个东西，其方向性、内容当然因人而异，但至少“深度”这个东西是必不可少的。没有深度，没有足以支撑其深度的胆识，就哪里也去不了。往下就靠运气了。我想我的运气大概是好的，也只能这样认为。

—— 就是说，尽管不能像村上春树那个作家那样开拓下去，但每一个人都可以通过介入的深度拥有这样的过程，能发生同样的奇迹。为此可以有这样的方法——这本书给了我这样的启示。

｜将来，爵士乐酒吧……

——《作为职业的小说家》的封面，真够好看的啊！封面上的村上照片，感觉是荒木（荒木经惟）拍的，果不其然。

村上 那是在不久前为《纽约时报杂志》的报道拍摄的。荒木君受时报委托拍摄的。

—— 小泽征尔访谈专辑，荒木君也拍了你们两位。

村上 是的是的。荒木君那个人蛮有意思。拍摄的时候，对小泽君和我说："一下子靠紧些可好？"对方若是女孩子倒也罢了，居然让我和小泽君"一下子靠紧些"（笑）。

—— 中招了吧（笑）？那人很有吸引力，风趣。虽然身染疾病，但发表了好多作品，让人高兴啊！

村上 那么说来，荒木君和小泽君两人一直谈癌来着（笑）。

—— 您完全不得病！

村上 那么说来，是一次也没得过。

—— 这也不一般啊！

村上 从未卧床不起，基本上。傻子似的。

—— 感冒有的吧？

村上 偶尔。四五年一次吧！

—— 看您的随笔，也没写到住院什么的。

村上 住院从未有过。只是，全程马拉松每年跑一次，所需时间一年比一年长一点点，那怕也是上年纪的证据，切实感受到了。没办法啊！不过嘛，在确认自己年龄增加这个意义上，马拉松所需时间逐渐变长也算是好事。若不然，自己所处位置就弄不明白了。我没有孩子，没有同事，如果没有这种定点观测的机会，有的地方就不太好判断了。

—— 即使在这个意义上，每天的运动和写作的关系……就这样接连采访下去，不知要问到什么时候，那么就到这儿吧……今天占用这么长时间，辛苦了！由衷期待往后您也有力作问世。

村上 谢谢……不过，迟早还是要开爵士乐酒吧的。(笑)

—— 还想开？

村上 不再写小说了，就想在青山[①]一带开个爵士乐酒吧。像亨弗莱·鲍嘉（Humphrey DeForest Bogart）那样扎着蝴蝶结，向室内钢琴手说："不是说别弹那支曲子了吗？萨姆！"(笑)

—— 这不是已经定下的吗？（笑）您什么时候开始？

村上 倒是想明天就开始。可我还想多写小说啊！伤脑筋！

（二〇一五年七月九日于雨日咖啡馆）

---

① 青山：东京地名。曾为武士住宅集中地带。现在的“青山大道”尤其为年轻人喜欢。村上事务所亦在此地。

第二章

地下二层发生的事

二〇一七年初，于新潮俱乐部。距上次采访已过去一年半。围绕前不久写完的长篇《刺杀骑士团长》请教了许许多多。眼望寒冬庭园，双腿伸进被炉，在如此安谧的气氛中开始采访。但由于我过于心急和执著，蓦然回神，差不多过去了四个小时——中间几乎没有休息——村上先生笑道："往下还有两次？真的？"作为零食，我要巧克力，村上要半个甜甜圈。晚间一起吃了荞面条。

书名和人称如何确定

—— 这次采访想以长篇《刺杀骑士团长》为中心来请教。您写作当中有怎样的体验？写完之后的体验又是怎样的？这部作品假如是一口井和一个洞穴那样的东西，那么一般情况下是独自一人进入井中的，而这次无论如何都想请您和我一块儿下井。但愿我能把在那里看见的东西诉诸语言！

村上 唔——怕是很难，尽力而为吧！（笑）

—— 首先谈书名。《刺杀骑士团长》，不管怎么说都是个很棒的书名。我就先问个明白，这个书名是如何取的？

村上 "刺杀骑士团长"突然浮出脑海，有一天，忽一下子。于是打定主意：要写一部名叫"刺杀骑士团长"的小说！至于何以想到这个，完全无从记起，反正突如其来。就像看不见的地方生出云絮似的。

—— 不是因为听了莫扎特？

村上 不是，无关。不知是一次走路的时候还是吃饭的时候，记不确切了。反正脑海里忽然冒了出来，再也不离开了。和《海边的卡夫卡》那时候一个样。《海边的卡夫卡》那部小说，就是从想写小说的念头开始的，心想少年主人公只能叫卡夫卡君，而且要让他去靠近海边的地方。相当简单！（笑）

—— 海边，像是。

村上 《奇鸟行状录》也好像同样。如此这般先有书名，实在开心得很——故事由此一路自行其是。

—— 书名能生成多大规模的故事，作为形体当时多少心里有数？

村上 光靠书名还不清楚。形体成形，需要经过一定时间。伴随时间的经过，有的东西直接消失了，有的迅速固定下来。这个、唯独这个不经时间是不清楚的。

—— 就是说，反正一开始“刺杀骑士团长”那几个字眼赶来了，有了用这个书名写什么的冲动，接下去一段时间，“刺杀骑士团长”这个语句就在脑海里挥之不去，是吧？

村上 半年？一年？两年？倒是说不准。

—— 那么久？

村上 应该时间不短。毕竟要让语句在自己心中发酵，说起来。

——“刺杀骑士团长”这个语句报到的时候，是您具体写什么的时候？一两年前。

村上 噢——想不起来。或许半年前，也可能一年前。时常思绪纷纭，时期性的事情不好确定，反正是写完《没有色彩的多崎作和他的巡礼之年》之后。问题是，“刺杀骑士团长”这个书名是从哪里冒出来的呢？毕竟乍看不大可能成为小说的名字。

—— 而且有一种强烈的奇异性，听过一次就很难忘掉。

村上 不过那种奇异性对书名是很重要的，有一种类似少许违和感的东西。据我的记忆，先出现的是书名。倒是与此无关，上田秋成的《春雨物语》收录的《二世缘》故事，过去我就喜欢，一直想以此为主题写点什么。这个，连同“刺杀骑士团长”这个题目。但是，“二世缘”和“骑士团长”根本捏不到一起（笑）。还有一点。第一章开头，从“那年五月至第二年的年初，我住在一条狭长山谷入口附近的山顶上”，到“没有空调也能大体快意地度过夏天”那一段，是我在某个时候早已写好的。没有什么目的，只是写了下来。

—— 完全是以另外独立的形式写的？

村上 嗯。那一段一直粘在电脑一角，以“那年五月”为标题。我时常突如其来地写这样的文章。只是写完放着。

——《斯普特尼克恋人》的开头也是这样的吧？

村上 忽然心生一念：“啊，这么开头写文章好了！”《斯普特尼克恋人》的开头也同样。写完后，大约过了半年吧，时不时拽出来修修改改，慢慢、慢慢打磨，看它能不能在自己心中顺利存留下来。就像把一块黏土甩在墙上，看它是粘上还是掉下。整个掉下来的时候当然也是有的。

—— 把意念写下来保存那一情形似乎是有的，但留取文章本身可是有些稀奇……

村上 唔，把小说意念那类东西写下来保存，我是很少做的。我是通过用手写文章来思考东西的人，所以写有一定长度的文章这项作业是很重要的。姑且把一段文章写下来，再一次又一次修改。如此一来二去，就有某种什么在自己身上自行启动——我要等待那一刻。不过，这也还是要经过时间才行。若问是不是写出这个，两个月后就会成为小说，那不至于。半年而一年，一年而两年，这样的岁月无论如何都少不得的。

因此，就《刺杀骑士团长》而言，分别有三个要素成为起跑点(starting point)：开头一段和“刺杀骑士团长”书名。还一个是什么来着？呃，把“二世缘”作为主题。这三点各自为政，又融为一体。感觉上就好像三个朋友偶然汇聚一堂。只是，抵达这里要花一整块时间。所以，就我来说，长篇小说这东西，是差不多所有时间都用来等待的作业。等上两年才动笔，花一两年写出来。这样，相比于写的时间，等待时间反而更长。感觉和冲浪手在海湾等待浪头是一回事。

—— 那么，一旦动笔，就绝对一天写十页。不管发生什么，反正得写十页——您是这样给自己派任务的吧？

村上 啊，倒也不至于“不管发生什么”，基本上，唔。

—— 什么也没确定就开始写，一写就碰上什么，结果上便是这样完成的。这虽说可以理解，可问题是，比如今天写的时候能不能碰上什么是无从得知的吧？用刚才的说法……就是碰不上朋友的日子吧？即使那样的日子也每天非写十页不可吗？

村上 嗯，大体写十页。哪怕没有朋友来，也必须整顿好可能来的环境。往那里放一个坐垫，清扫一下，擦擦桌子，摆好茶具——做这种感觉的“事先准备”，谁也不来的时候。因为谁也不来所以今天懒洋洋睡午觉，那是不行的。事关小说，我可是很勤奋的。

—— 那么，“今天必须写这里，可是有些上不来感觉”，在这种情况下……

村上 描写那一带的风景（笑）。横竖得写十页。那是既定事项！

这样，说回开头那段，“那年五月至第二年的年初，我住在一条狭长山谷入口附近的山顶上”。完全是第一人称吧？近来一段时间，我把纯属第一人称的长篇贴上封条，而转向第三人称，即开始转向来着。可是，也是因为正好近几年连续翻译雷蒙德·钱德勒的长篇小说，译着译着，就久违地一阵阵涌起了想好好写一部第一人称作品的心情。已经能够以第三人称写《1Q84》那般长的东西了，预设目标大体达成了。于是心想，差不多该以第一人称写一次长篇了。这个开头嘛，现在想来，总好像有菲利普·马洛的味道，是吧？

—— 嗯，一开始有那个感觉。以久违的第一人称、让第一人称代词做什么，这怕就是在给作品世界定调门吧？用“私”还是用“わたし”就有所不同，用“僕”还是“ぼく”[①]，文体本身和作品世界的调门也因之一锤定音，主人公性格本身也与之有关。这次写作汉字“私”，也是钱德勒的影响吧？

村上 钱德勒的翻译清一色用“私”，怎么说呢，那种流势或气势想必是有的。此外还有一点，年龄上再以“僕”这个第一人称写长篇到底有些吃力了——这样的感觉也是有的。

——“吃力”这点，能不能多指教几句呢？“吃力”指的可是读的时候？还是您自己使用的时候？

村上 我自己使用的时候。日常生活中我也说“僕”，写信也写“僕”。但在小说当中，尤其到了叙述部分，多少有些难为情啊！

—— 这回的主人公三十六岁，“僕”也毫无问题嘛！过去您也一直写年龄差不多的“僕”……

---

① “私”、“僕”和“わたし”、“ぼく”都是日语第一人称。前者分别是汉字写法，后者分别是日语字母即假名写法（发音），而且多为年轻人之间使用，较为随意。

村上 那种违和感终究是感觉性的。但是，感觉上的一点点差异都会在长篇小说中具有很大意味。况且，我也想通过使用“私”这一新人称在同我过去使用的“僕”之间来一点儿区别：即便同是第一人称，也和以前的第一人称有所不同。所以我才使用“私”这个第一人称的，大致。动笔试了试，觉得视野风景到底不无差异。

—— 确有差异，果然。这回“刺杀骑士团长”这个书名浮上脑海，加上另两个因素，它们合在一起，经过相应的时间……

村上 长篇小说这东西嘛，一个主题绝对是写不出来的。只有若干主题交织在一起才能成立。越长，所需因素越多。我的开头至少有三个。有了三个，事物就能以三角测量那样的感觉向前立体推进了。可是，如果只有一两个要素，那么故事势必在哪里撞上厚墙，全然进退不得。

—— 就是再也无法铺展下去。

村上 是的。所以，首先要看好自己心目中是不是真有几个点。否则不能动笔写长篇。而要搜集三个正确的要素，就需要花相应的时间。

—— 三个点会进一步把别的东西……

村上 召唤过来，分别把更多的朋友召来。

—— 三角形不断开疆拓土，是吧？

村上 正是！以《刺杀骑士团长》为例，有了画家“我”，画室里开始有各种各样的人出来进去。于是，各所不同的出场人物带来各所不同的遭际，将其写进故事，故事因之向前推进。一旦确定一开始出场的是什么人、发生的是什么事，那种自发性律动就无从产生。所以，最初反正只确定三个点，看能发生什么。接下去，每个要素又引来种种新的要素，在这当中热能就会自发地喷涌出来。长篇小说这东西，在某种意义上，就是持续发现那种自然发热情形的作业。正因如此，作家必须不屈不挠地静等一两年，直到能够确信这是可以动笔的确凿无误的一个点。

—— 而且要有足以耐热的体力。要在积蓄体力后才投入创作。

村上 嗯，体力也是需要的。肉体力量。一旦动笔，每天非写十页不可。要一直坚持一年。如果哪里有了迟疑或有了摇摆，就根本坚持不下去。因此，动笔之前一定要充分确认自己身上是否牢牢设定了必要的点。这比什么都要紧。

—— 由于选择了“我”这个第一人称，叙述者自身的性格也自然而然确定下来——这样的感觉也是有的吧？包括思考的类型等等。整体的平衡、氛围也随之改变，是吧？这回的作品，让人明显想起《奇鸟行状录》。洞穴自不用说，场所也没怎么动吧？离东京没有多远，但别人又进不去——便是在某个特定地点发生的事。“我”开始动已是进入尾声之后了。在一个地方稳定下来，故事启动又渐渐收敛。这从一开始就有什么意象吗？

村上 不错，在某种意义上是可能和《奇鸟行状录》有相通之处。《奇鸟行状录》里边，胡同起了很大作用。那条狭窄的死胡同，在深处和外面某个世界连在一起。大概和这个是一回事吧？《寻羊冒险记》则是一个劲儿移动的故事。这本小说虽有种种样样的人物出场，但在跟踪那些人的过程中，场所的移动已没有必要了。山里边有一个不可思议的洞穴，有一座主人公住的小房子，峡谷对面有免色的白色公馆——只要具备这几个条件，场所就没必要继续移动了，不妨说。

—— 没必要了？

村上 主人公时不时去东京，最后去了伊豆高原的疗养设施，除此以外就没什么移动的必要了。相比之下，人们陆陆续续前来找他，故事因此向前发展。在某种意义上，他是“接受者”，不怎么动，直到某一时刻。何况一开始出现的情节就有漫长的移动。

—— 是啊！故事开篇“我”就外出旅行，回来。

村上 嗯。讲他从东北去北海道。故事由此转弯，开始讲他定居在一个场所的事。这种对比在故事上面也举足轻重。

| 觉得“恶”的形式变了

—— 要是想把您迄今为止的创作活动在哪里分段的话，想必无论哪里都行。因为每一次都有不同的尝试，而在其深层又有共通性——有人可能称之为强迫意念（obsession），对于某个人来说，那大约是您作品的分母般的重要主题那样的东西。但在我心目中，觉得《奇鸟行状录》是您身上有什么剧烈重组后的第一部作品。

首先，“穿墙”这一要素以其原初的形式出现了，而且“恶”那样的东西的形式变得明确了，有了不同于之前的作品的动感（dynamism）。那以前的，例如“夜鬼”什么的，只是无可救药地存在于那里，是吧？可是，《奇鸟行状录》里面有“憎恶”这一介入（commitment）出现了：“OK，让我老实承认好了，我大概‘憎恶’绵谷升。”我认为这是至关重要的一点。

另外，“恶”那样的东西——往下姑且称之为“恶”——一直被描述下来。《1Q84》中，“恶”的描述方式，或者同“恶”的关联性那样的东西开始多层化。形式千变万化，“老大哥”早已没了出场机会，而代之以“小小人”的形式。

关于“恶”，您过去说过这样的话：想写恶。可是，就算能写一个个具体的个别的“恶”，而一旦想捕捉“恶”的总体，那也总是有难度的。以这样的视角看，您的小说读起来也可以认为写的是“恶”的变化、变质那样的东西。《1Q84》中，小小人成为一个饱和点、一个顶点那样的存在。而《刺杀骑士团长》里面，让人觉得“恶”的形式有了进一步的变化。

村上 这个……的确，写绵谷升的时候，觉得似乎是在刻意描写“恶”那个东西，有一种我也差不多能写那样的东西了的心情。可那以后，就好像不再那么具体地刻意写“恶”了。《海边的卡夫卡》也好《天黑以后》也好，固然有仿佛“恶”的存在、近乎“恶”的存在出场，但那是水到渠成似的较为自然出现的，并不是多么想写恶而写出来的。再次给你指出这点，倒也觉得可能真是那样……

—— 是吗，那些是自然而然出现的要素啊……最初读《刺杀骑士团长》的时候，觉得这个故事中的“恶”像是盖上盖子看不见那样的东西一股又一股渗出来的，怎么说呢，倒也不是驱邪法事，而像镇魂那类形式与之对峙。过去的“恶”，往下一挖井，就有诺门罕。并且，全都是作为现在进行时的活生生的东西、作为理应打倒的东西而存在的。

村上 言之有理。

—— 说到底，这意味着把那种“恶”作为指南读下去。您写这部小说的时候和写完之后，好像拽出了某种明显有别于技术的、迄今未有的东西，或者说触及了以前没有的什么——可有这样的感觉？

村上 唔……这个嘛（沉默有顷）。为了写两千页稿纸左右的最新长篇小说，不是花了一年、一年半、两年时间吗？假如没有同什么战斗、格斗那种强烈的觉悟，故事的推进就无从谈起。单单舒舒服服眉开眼笑地坐在桌前，那是写不来长篇小说的。必须和什么决一死战。至于到底和什么决一死战，对我来说，一来那基本看不见，二来不明白。我这个人，性格上不大容易对什么深恶痛绝，或者争吵啦气恼啦指责啦和哪个人实际上对决啦，一向如此。我是个相当个人化的人。所以有时候气恼也心想那事奈何不得，而只管一个人干下去。在现实世界中很难争个你死我活。由于这个缘故，寻找打仗对手，即使在小说世界中也远非易事。也有人生来就对那个得心应手。例如找出一个恨之入骨的角色和他争斗，以此让小说来个天翻地覆。可我没办法手到擒来。

—— 就是说，即使具体人际关系等方面没有涉及范围内的憎恶对象，例如，即使对战争啦当下这里发生的蛮不讲理的事件什么的怀有憎恶情绪，那也是相对淡薄的。是这样的吗？

村上 以前当然有过，一九六八、一九六九年。但是，对于我们来说，那一时期的体验，除了失望没有别的。战斗这一行为中，怎么说好呢……说根本不是真格的也好什么也好，总之有虚假因素一股脑儿混了进来，在现实上、物理上和什么战斗过程中……

—— 战斗、战斗本身？

村上 嗯。对于蛮不讲理做法的纯粹愤怒的发泄，很快变成了政治运动（movement）和政治运动的战斗、数量和数量的战斗、党派和党派的战斗、表层话语和话语的战斗那样的东西。那样一来，个人想法什么的就被整个弃之不顾，被彻底卷入战斗这一行为之中。说是由此产生的失望感也好幻灭感也好，那种东西在我身上相当强烈。对于表层话语的不信任感，至今仍挥之不去。要想把那类话语统统抛开来写小说，那就不得不暂且去《且听风吟》那样的地方。当然，相反的人也不在少数，我想。

只是，必须和什么战斗这件事，无需说，我也是不大明白的。不战斗人就活不下去，不战斗就只能被谁利用而终了此生。不过，在这个庞大的信息社会里，我担心哪怕我再有决心孤军奋战，恐怕也只能被消费一空。这种类似万念俱灰的情绪，写小说时没办法不一阵阵涌上心头。所以反过来说，同"恶"进行战斗的决心我当然也是有的，可那样一来，势必深化故事。而要深化故事，就不能不触及自身一方的"恶"。这样，战斗就不再是单纯的东西。找见刚才你所说的"恶"之形式就有困难——我想结果会不会是这个样子……

——"恶"就是"恶"，是应该消灭的东西。这点不言而喻。问题是，若以往日的形式与之抗争，难免本末倒置，空洞无物。因此，我不认为那是正确方法。同"恶"战斗，同时也是和自己心中的"恶"发生冲突。这样理解可以的？

村上 唔。近来我较为喜欢《镜》那个短篇，朗读来着。那是过去我出道不久写的故事。（注：收录于一九八三年版《袋鼠佳日》）

—— 那个嘛，夜间学校里……

村上 学校夜班保安的故事。他夜里来校巡逻，往墙上看什么。虽然那是照在镜子里的本人模样，却是"恶"本身的形象。一看他就怕得不得了，用木刀砸在镜子上打碎了。他头也不回地逃之夭夭。不料第二天去同一场所一看，那里并没有什么镜子。这显然和我刚才说的是同一回事。在黑暗中看见"恶"的化身那样的东西，可是照在镜子里的是自己的嘴脸。而到了第二天早上，得知那里原本没什么镜子。怎么说呢，像是双重三重幻影。

—— 时而碰巧在自己身上看见的“恶”和外部存在的“恶”，您认为是同质或同根的？

村上 也许两相呼应。

—— 归根结底，您小说中对于“恶”的感觉，即使“夜鬼”，也是从分不清是内在性质的还是外在性质的那种地方起步的。

村上 呃，有可能。例如“镜”什么的，毕竟最开始写的东西里面就已出现了。

—— 可是到了写《奇鸟行状录》的时候，发展成了可以用棒球棍击打那一形式，我觉得。在那里用棒球棍击打，流血对峙，我想那是和那以前的小说不同的场面。您没大觉出已经变了？作为可能性，是不是能够对“恶”那个东西赋予轮廓了等等……

村上 唔——倒是不大好意思，《奇鸟行状录》的事，我记不太清楚了。(笑)

—— 真不记得？（笑）

村上 噢，二十多年前写的，写完再没回头读。用棒球棍打什么来着？想不起来。只是，小说中有个“袭击动物园”的故事，讲屠杀的。日本兵杀了动物园的动物，杀了逃兵。那，好像是用棒球棍打杀的。是吧？那一行为本身当然是“恶”，但拽出个体层面的“恶”的，是军队那个体制（system)。国家这个体制制造了军队这个从属体制，拽出个体层面的“恶”。那么，若问体制是什么，说到底，那不是我们构筑的东西吗？在那一体制的连锁中，谁是施害者谁是受害者就变得模糊起来。我经常感到那种类似双重性三重性的东西。

前面哪里也说了，库尔特·冯内古特去看望快死的父亲时，临终的父亲说："你的小说里坏人一个也没出现啊！"说得冯内古特当即陷入沉思。那时我也心想："那么说来，我的书中也基本没有坏人出现啊！"那是写《世界尽头与冷酷仙境》时候的事，倒是过去很久了。

自那以来，我就决心以我的方式描写"恶"啦恶人什么的，很长一段时间里好像成了之于我的一个命题。

—— 还有，您对地铁沙林毒气事件受害者和奥姆真理教信徒的采访，给我留下了很深印象。不妨说，参与那一事件的人全都是在不知不觉之间卷入另一世界的。当然一方面是受害者，一方面是施害者，这倒是一清二楚。您说过——例如《1Q84》中出现了五花八门的宗教团体——并不是想写现实中的宗教团体，脑袋里一直有一种恐惧感，害怕越过某一条线。

"你、往下就是死刑！"——听得宣判的奥姆真理教那几个人，大概也不认为这是现实，您说。对于他们，活生生的现实莫如说更像虚拟现实，也许还没能完全理解事态。您说想写这种恐惧。

村上 是啊！写《地下》是很要命的事。而且，由于写了这个，我觉得自己写的东西可能发生了很大变化。比如和受害者遗属们交谈的时候，对于他们，奥姆真理教的现行犯当然是不折不扣的"恶"。毕竟有一天，自己无辜的亲人被强加以莫名其妙的理由杀害了。几乎所有人都希望判处死刑。面对那些人，"我原则上反对死刑制度"这句话无论如何也说不出口。因为我能理解他们深重的悲伤和愤怒。

只是，作为客观的观察员目睹那些现行犯，觉得他们恐怕也是中了圈套的人。若说受骗上当是他们自己的责任，那倒也罢了。但不是那样的，圈套那东西，该中的时候是非中不可的。那对我本身也是同样。看我周围的人也不难明白。人生充满危险的圈套。让人不寒而栗的事人生中所在皆是。

问题是，哪怕再如此这般说服世人，那也几乎是不可能的。“圈套那东西，该中的时候是非中不可的”——就算一下子说了，大部分人也无法感同身受，是吧？如果不把这种说法一度移去故事那一次元，事物的本质就无法得到充分传达——写那本书当中我深有感触。

因此，以你刚才说的《奇鸟行状录》是个转折点这话来说，未尝不觉得那和《地下》是一对搭档，写倒是《奇鸟行状录》写得早一点儿。实际写《地下》的时候，面对现实中活着的人的愤怒啦憎恨啦困惑啦不解啦，以及失望啦后悔啦，何况目睹的是咬紧牙关感受这些的人，心里受到强烈冲击。这理应反映在以后的小说里，但愿。

｜下到地下室的危险

—— 那么，具体怎样创作故事好呢？重要的一点，我想是在异化方面……

村上 噢，这可是个相当大的提问。（笑）

—— 本想稍后些问，但写故事时常搞不清这到底意味着什么。您解释写小说之事的时候，一次打比方说好比住在独门独院的房子里（参阅下面的示意图）。一楼是一家团圆的场所，高高兴兴地用社会性共通语言聊天。上到二楼，有自己的书什么的，有私密意味的房间。

村上 嗯，二楼是私密性空间。

—— 那么，这座房子的地下一层也有个黑乎乎的房间。不过这里大体谁都可以下去。所谓日本私小说处理的，恐怕就是这个地方，是地

示意图：川上未映子（画）

下一层发生的事。所谓现代性自我那样的东西，也是地下一层里的事。可是，继续沿阶梯下行，好像还有地下二层。那里大概是您的小说中要去、想去的场所。

这个房子比喻，非常容易想象。这里有个问题特别想问。您说写东西是为了解自己本身。而自己本身仍有黑乎乎的东西，还看不清全貌，所以往下还要花很多很多时间。以这本《刺杀骑士团长》来说，觉得就像和被"长面人"领进地下世界的体验两相呼应似的。但是，去地下二层当中，必然看见地下一层的东西。那里也有例如受过父母、兄弟或其他人虐待、也就是受过精神创伤的人，是吧?

村上 呃，想必是的。

—— 这就是了。和自己本身意识密切相关的问题在地下一层，共有也比较容易。我们当作家的，通过读故事写故事而把各自拥有的地下一层房间出示于人，让人阅读。仅仅作为有利于自己本身的活动来体味这些或者看地下房间，还是可以理解的——如果仅仅为了理解自己、恢复自己的话。但我同时觉得给人家看让人家读，好像是在做一件非常危险的事。

村上 有道理。

—— 从那里继续下到地下二层，包括这点在内，处理虚构作品是十分危险的事。这是因为，首先一点，怎么说好呢……虚构作品这东西有时具有实际力量。以这样的角度看，世界上所有事件都好像是基于故事的"集体无意识"的争夺。

例如宗教的教义是故事之最，号称那个故事对你们至关重要哟!是真理哟！并且通过让很多人信以为真而使得故事有了实际动作。有您创作的故事。或者有时代产生的种种故事。人们的日常即是这种

“无意识”的争夺。然而大家都认为这样合适，认为自身生发的故事会催生某种善的东西。说不定谁都没有视之为战斗。反正对我来说，感觉上是在处理往哪一边都能滚动、都能解释的危险透顶的东西。甚至奥姆真理教也是故事，对吧？进一步说来，“什么故事啦小说啦，不看那种谎话连篇百无聊赖的玩艺儿！”——这么边说边看自我启发读本的人，也是看冠以自我启发之名的故事的。

村上 特朗普总统也不例外啊！说到底，希拉里·克林顿那个人，因为只说通用于房子一楼部分的事，结果败了；特朗普只抓住人们的地下室说个没完，结果胜了。

—— 果然。

村上 怎么说呢，尽管不能说是政治煽动者，但感觉上至少像是古代的祭司——特朗普是熟知煽动人们无意识的诀窍的。于是，仿佛高音喇叭的个人电子线路就成了有力武器。在这个意义上，尽管他的逻辑和语汇是相当反知性的，但也因之从战略上十分巧妙地掬取了人们在地下拥有的部分。

在合乎逻辑的世界、用房子的比喻来说一楼部分的世界发挥相应力量的时期是会被封杀的。可是，一旦一楼逻辑失去力量，地下部分就会喷到地上来。当然，不能说那一切都是“恶的故事”，可是，较之“善的故事”、“多重故事”，还是“恶的故事”、“单一故事”能更强烈地诉诸人们的本心。这点毫无疑问。麻原彰晃提供的故事，结果上也肯定是“恶的故事”，特朗普讲的故事也是相当扭曲的，总的说来可能含有拽出“恶的故事”的要素，我觉得。

—— 那么，制造那个故事的当事人——啊，尽管是不是他制造的还不确定——位于某个磁场中心的麻原也好希特勒也好或者特朗普也好，您认为他们会意识到自己制造出来的故事是恶的东西吗？

村上　那不清楚。关于特朗普，我还不大了解。不过，希特勒是在制造“恶的故事”那一意识，其本人怕是没有的吧？对他们来说，未必不是“善的故事”。他们那种由同化性产生的扭曲，有可能是自己被自己鼓捣出来的大故事吞噬进去的结果。尽管这只能由历史来判断。

——　令人深思的是，他一个人到底是制造不出故事的，故事这东西，是由种种样样的人拿来的故事凑成的，凑成一个大故事……

村上　嗯，是集合体。

——　举个例子。我想起来了，河合隼雄① 先生在《影子现象学》中说了集体无意识。说纳粹德国的所作所为，乃是把那种集体生成的影子转嫁给外部的结果。

村上　日本的战后也是那样。但多数德国人在战争结束之初把自己也转到了受害者一边，说自己也被希特勒骗了，被夺走了心影，以致倒了大霉——大体只有受害者感觉剩了下来。日本情况也大同小异。日本人心里，自己也是战争受害者这种意识很强，以致自己是施害者这一认识无论如何都要滞后。而且，细部事实总是逃进众说纷纭那个地带。我认为这也是“恶的故事”的——怎么说呢——一个后遗症吧！说来说去，最后在自己也受骗上当了那个地方不了了之——天皇不坏，国民也不坏，坏的是军部，就像这个样子。这正是集体无意识的可怕之处。

---

① 河合隼雄，日本当代著名心理学家。村上曾和他长谈几次。相关书有《去见河合隼雄》。

因为那是我的洞穴风格

村上 所以我想，集体无意识被拿来做交易，是在古代空间。

—— 古代空间。

村上 古代，或者更早也未可知。提起“古代空间”，脑海中每每浮现出来的，是故事高手在洞穴深处讲故事的情形。原始社会，人们都在洞穴中过集体生活。日落西山，外面黑漆漆的，又有吓人的野兽，大家都躲在洞里围着火堆。饥寒交迫，担惊受怕……那种时候，故事高手就出场了。讲得妙趣横生，大家都被吸引进去。或者悲伤，或者兴奋，或者一下子心头火起，或者被逗得放声大笑。饥饿啦害怕啦寒冷啦，不知不觉忘个精光。

在我看来，故事高手便是这个样子的。自己有没有前世我不知道，不过我脑海里的确有这样的场景：很早很早以前，大家说：“村上，你讲点什么嘛。”于是我说：“好，讲就是了！”肯定讲得引人入胜，“往下怎么样了？”“明天接着讲。”便是这么一种感觉的场景。即使坐在电脑跟前，每当我和古代或原始社会洞穴中类似集体无意识的东西紧紧连在一起的时候，也常有这样的感觉。因此，大家等着呢，每天要好好写出十页——这样的心情迫切得很。这么着，只要看到在自己眼前竖耳倾听的人的表情，我就能确信自己讲的决不是错误的故事。这点一看表情就晓得了。

—— 那不是自己本身的表情，而是听的人的表情？

村上 嗯，一看周围人的表情就明白。肯定有那种质感。因此，只要我还想加以利用，就不至于成为“恶的故事”。

—— 比如在《村上君那里》，您就是那么做的吧？之前还有《对了，问村上君好了》[①] 也同样。您时不时兴之所至地那么做，同样是看大家表情的行为？

村上 正是正是，那恰恰是“洞穴化”。大家给我发来电子邮件，我一个个亲自回答。不妨说，看大家的表情，我就能实际感到此人大概是这么想的，是这样接受我的小说的。同时，如果在事实关联上有一点误解的话，我就招呼说：“不，不是那样的，应该是这样的吧？”一对一手把手教。偶尔很想做这样的事。实际上是很繁重的作业，可是这种沟通有时是必不可少的。

这么着，再要紧不过的就是讲故事的调调。以小说来说，就是文体。信赖感啦、亲切感啦，催生这类东西的，大多场合是调调。如果调调、文体不能吸引人，故事就无以成立。内容当然重要，但是，如果调调缺乏魅力，人家就不会侧耳倾听。因此，我把声态、风格、调调看得非常非常重。常有人说我的小说读起来过于容易，那自是理所当然，因为那是我的“洞穴风格”。

——“洞穴风格”……！

村上 嗯。首先要对眼前的人讲什么。所以，反正就是要用浅显易懂的话语、容易阅读的话语写小说，这点我时常说起。尽可能用容易懂的话语说尽可能不容易懂的事。像嚼鱿鱼干一样一次又一次嚼个没完，就那样创作故事！不是只让人嚼一回就会明白“噢，原来是这么一个东西”，而是让人左一遍右一遍反复咀嚼、每嚼一次都觉得味道

---

① 《对了，问村上君好了》：原名『そうだ、村上さんに聞いてみよう』，村上同读者的电子邮件通讯集，新潮社 2000 年出版。

稍有不同，便是想写这样的故事。只是，支撑这个的语句本身必须十分好懂、十分坦诚。这是我的小说风格的基本。说到底，感觉上就像回到古代或原始时期的故事高手讲故事所追求的效果……

—— 人世间、世界上的确有数不胜数的大大小小的“恶的故事”、“善的故事”，以及两相混杂的故事——那样的东西密密麻麻挤在一起。和平安稳过日子的人当然有，而另一方面，战争并未绝迹，现在也不断流血。小说家或者艺术家在不断创作故事。在这样的世界上，哪怕多一个好的故事也好。您认为这上面有意义吗？

村上 当然有。这是因为，我也看了数量相当不少的书，但真正好的故事意外之少。出的书虽然铺天盖地，可是一个人一生当中能遇到的真正精彩的故事、能扑进心灵深处的小说，我觉得为数不多——当然，故事能否打动自己的心灵也因人而异。所以，有人努力写那样的东西，应该说是有极大意义的。

—— 您的意思是说，自己创作的故事可能如此这般成为对一个人来说一生中所遇无多的好故事之一，在某种意义上是独立于世界悲惨性的大好事……

村上 一点不错。读了那么精彩的故事而自己也想写什么的人或者出现也未可知，那就像是一种繁殖作用。

—— 我想一开始就以骗人为目的制造的故事也是有的。但事关艺术，说不定一开始就立志写向善故事的人是会出生的吧？……不过到底让人害怕的是，当事人也好希特勒也好，没准他们当时真有自己是在制造好故事的实感，并对此深信不疑——一想到这点，就觉得故事也有伤透脑筋的地方。

村上 一如林肯所说，可以一时欺骗许多人，可以长期欺骗少数人，但不可能长期欺骗多数人。我相信这是故事的基本原则。所以，纵使希特勒，持续执政的时间也不就是十年多一点点而已。麻原还不到十年。总之，严格区分“善的故事”和“恶的故事”的，大多时候是时间的职责。而且有的东西要长时间才能区别出来。

—— 确实，以单体看，常有短命的“恶”。常有，不会没有。

村上 是的，毕竟人基本上是在心间某个地方追求那种东西的。这也是因为，在很多情况下，善这个东西，理解起来咀嚼起来需要时间，觉得麻烦无聊的时候不算少。但是，“恶的故事”，总体上是被单纯化了的，直接诉诸人心的表层，剔除逻辑直截了当，容易接受。因而，使用污言秽语的恶劣演讲就比条条有理义正辞严的演讲更能迅速入耳。

—— 所以，写小说这件事，或许也就是把尽可能向善的东西、即使改变形态也能长期活下去的好的故事，把尽管表情各不相同但人生中不知能否遇上一两次的故事留在世界上。您的行文所以好读，那是因为用大家都明白的洞穴风格写作的缘故。

好了，往下进入《刺杀骑士团长》具体话题。这回主人公也同样体验了非常、非常非常奇妙的事情，是吧？

村上 噢，是的。说着说着就说到这上面了。（笑）

—— 关于这个，迄今为止您也接受了世界各国的种种采访。都问您：“那个故事到底怎么回事，是否一开始就全都一清二楚才写的？”如此这般一个劲儿刨根问底。结果，您回答说：“我也不清楚的，不清楚那是什么。”有时候您把写小说的体验比喻为“电脑编程”（programming）和打电子游戏。

村上 唔，是有时候用那种类比（analogy）加以说明。容易理解嘛！

—— 自己编程而编起来又忘了编程这回事，能不能到达终点自己都不明白。这给自己带来一种无上幸福——您这么说来着。相当于这种编程的，可是指小说情节那样的东西？

村上 不是，那不是的。

—— 关于编程您也再说说可好？

村上 以电子游戏的类比来说，编程的一方和玩的一方，在自己身上是完全割裂（split）的。以国际象棋来说，好比一个人下棋，这边落下棋子，之后忘掉跑去对手那边，“唔——”沉思着落下棋子，而后重新回到这边考虑下一步。如此这般，如果意识能彻底割裂开来，那么就能独享其乐。那是极有刺激性的事。

前些日子，来回比较着听家里有的很多演奏家演奏的巴赫《戈尔德堡变奏曲》来着。十五张左右的CD。结果，同别的演奏者相比，格伦·古尔德（Glenn Gould）的演奏截然不同。说是异军突起也未尝不可。到底哪里不同呢？我想了好大一阵子。总算想明白了。一般钢琴手不是一边考虑右手和左手的配合一边弹吗？弹钢琴的人都这样吧？理所当然。然而古尔德不然。右手和左手的动作完全不同，两只手各行其是。而当两只手合在一起的时候，结果上一个精彩的音乐世界即刻建立起来。然而表面上无论怎么看，都是左手只考虑左手，右手只考虑右手。别的钢琴手必定自然而然地考虑让右手和左手两相配合。而他看上去似乎没那种意识。即使比较古尔德本人的演奏，也觉得一九五五年的录音右手和左手的割裂感更强一些。

—— 原来如此。一九八一年的录音没那么强烈？

村上 当然，去世之前的也有非同寻常的割裂感，但还是过去的强烈，各自为所欲为，而若合在一起，就天衣无缝地融为一体。感觉上，那不是古尔德人为融合的，而是浑然天成，说自然也好天然也罢。那个人的割裂感，作为感觉我也感同身受。

—— 他本人也意识到了吧？左右各行其是这点。

村上 他本人意识到什么程度我不清楚。反正那种乖离感、乖离而又统合的感觉实在动人心魄，本能地，像是。不过，说危险也危险。

—— 如何危险？

村上 一两句概括不了，但里边总好像有那样的东西。而那种东西，下到地下室怕是有用的吧！

—— 大家都能作为违和感多少感觉得到。而往地下室下的时候，那一感觉就有用处。

村上 嗯，我想用处大得不得了——在那里应该抓什么、不应该抓什么，某种程度上倏然心领神会。所以，写小说……反正我是无程序、无计划写下去的。在那黑暗中自己应该抓什么，不应该抓什么，那种事大体心知肚明。作为小说家的才华我有多少，这个我全然无从知晓，但自己某种程度上具有那样的能力和技术这点我还是感觉得到的。当然比不上古尔德先生。只是作为一种倾向。

我不是艺术家类型

—— 因为有，所以故事才会在您写的过程中陆续生成。是吧？

村上 故事在黑暗中自然伸向前去。

—— 那时应该有的东西，以《拧发条鸟》为例，就有棒球棍出现。就是说："因为是从我心中出现的棒球棍，所以理应给我带来某种小说必然性。我有这个信念。"

村上 这话我可说过？

—— 说过。在《新潮》[①] 刊发的“making of《奇鸟行状录》”里面。我被这个说法深深打动了。读了，再次感到《奇鸟行状录》对于村上春树这位作家的确是重要的“异化”本身。您甚至说“如果这部小说没有意义，我的人生就没意义”。

村上 真的？全然记不得了。说得好有气魄啊，估计铆足了气力。

—— 您说四五十岁这个年龄段，对于小说家是关键的收获季，有可能是顶峰。无需说，写《奇鸟行状录》这部小说的是您，本应是除了您谁也无从体验的感觉，而您在这里却这样说。对此我实在不太理解。顶峰意识，莫非是指这部作品蕴含的力量？阅读当中那东西确实让我活生生感同身受。倒是不可思议……

村上 不错，我是意识到自己下到地下二层了……是不是最初我不知道，应该是开始有那种意识时的事吧！

—— 棒球棍出现了，井有了，或者加纳克里他等人物出场了。牛河啦公馆啦，那类东西纷至沓来。分别带着一点点使命把故事推向前去——您这样说道。那种感觉我也有同感，非同一般地。

另外，里面有您喜欢引用的契诃夫枪的故事吧？“故事中倘有枪出现，就必须发射！”那支枪和从您意识中出来的棒球棍，比如当时是棒球棍，能说是同一物件吗？多少有所不同？

村上 多少不同。契诃夫关于枪的比喻，具有编剧艺术的基本原则那样的普遍性。而我的故事中出现的棒球棍，是更为偶然发生的随意性

① 《新潮》：日本大出版社新潮社的文学月刊。

的（random）东西。不过，当时我所说的，怕是还没怎么被人理解吧？所以听你刚才说看了那个发言很受感动，让我相当意外。

—— 有那样的感觉？

村上 有的。当时的日本文艺界，我觉得处于更为不同的地方。

—— 以那座房子打比方，就是地下一层？

村上 当时的文艺界，或者说文艺业界最为大行其道的，我认为是所谓“主题主义”。而我对那种东西几乎毫无兴致。

—— 而是从写什么的地方开始。

村上 所以，若问我《奇鸟行状录》这部小说的主题是什么，我完全答不上来（笑）。傻子似的。

—— 所谓“故事”被轻视的时代，就是这样子的吧？

村上 不错。集体无意识到底怎么回事，几乎没人理会，“什么呀！”讨论小说作品，什么前卫后卫啦，什么是右是左啦，只知道在这种框框里把握，就是那样的时代。所以，针对《奇鸟行状录》那种小说的批评势头，比现在猛烈得多。我因为逃离了日本，过得倒还快活……

—— 您所说的可以把“古代空间”拿到现代小说中来，怎么理解好呢？是不是也有大家全都瞠目结舌那一侧面？可是在往昔，比如就紫式部[①] 来说，认为真可能有生灵那样的时代、生死之间自由穿梭那样的感觉，恐怕是存在的。而且，现在仍行之有效。把它拿到现代来……虽说不是理念，但还是有让人想起什么的作用——这可是您的想法？

---

① 紫式部，日本平安朝中期女作家，《源氏物语》的作者。

村上　是的。那是某种神话性，英语叫“myth”。即河合先生说的“集体无意识”的起源（roots）。所有国家所有民族的神话都有许多共通的东西。那种神话性作为各个民族的集体无意识而超越时代流淌在血管里，并且跨越地域而在整个世界相接相连。所以，如果我的小说在许多国家广为阅读，那恐怕是因为故事具有直接诉诸相当于那些人地下部分意识的地方。倒也不是刻意追求的。作为我，是只能那样写故事而那样写了，如此而已。却在结果上成了那个样子。所以归根结底，刚才说的在古代或原始社会洞穴中讲的故事同那种神话性，恐怕还是在某处有联系的。

——　例如欧洲神话的形态，由所谓《圣经》和希腊神话这两大支柱支撑，自己自身同神话世界截然分开。是吧？而作为日本人的感性，是比如灵魂可以自由往来这些。

村上　嗯。在日本人的感觉中，彼岸世界和此岸世界之间自由往来，几乎。先祖一晃儿回家来了，在那边房间的角落里。盂兰盆节过完了，说道：“啊，辛苦了！”而把先祖送走。（笑）如此自由往来的地方是有的。说圆融无碍也好什么也好。比方说小野篁[①]那个人，根据传说，他在人世与地狱之间打了一口井，每天往返一次。白天在衙门上班，到了晚上就穿过井去地狱当阎魔王的助手。早上又通过另一口井回到人世，像临时公务员似的。（笑）那口井应该至今仍在。可是在希腊神话那里，黄泉和现实世界被彻里彻外分隔开来，自由往来根本无从谈起。

---

① 小野篁，日本平安朝前期学者，诗人，诗歌见于《古今和歌集》。

—— 去了和回来之间……

村上 唔，麻烦得不得了！尤其一般神职人员，那种生死两隔的感觉可能是很强的。而在日本人的感觉中，那边的世界和这边的世界相当轻松地、不讲逻辑地连在一起。只要有意，即可自由往来，不费什么事。西方人总体上对此觉得不可思议，好像。但根本上差异不大，在同有“这边”、有“那边”这点上——虽然手续不一样，但都认同其存在，认同那边和这边的存在。

—— 虽然手续不同，但都拥有那种存在，拥有那边和这边……

村上 是的。换句话说，就是有意识上的世界和意识下的世界。不过我写小说的时候，并没怎么把这边的世界和那边的世界区分开来考虑。一旦踏入地下二层，就没有那边没有这边，自由往来就是。当然，为了整顿交通秩序，一定的逻辑和规范还是必须有的，但出入本身悉听尊便，不然故事就前进不得。

—— 那么，与此相关，您还这样说过：“对于小说家，小说中出现的象征和隐喻，是直接作为现实发挥作用的。”这和刚才您说的是同一回事。就是说，如果把它巧妙地纳入故事，也可作为之于读者的现实产生效用。

村上 那么说来着？

—— 嗯，那么说了。您把对于自己极为自然出现的象征啦隐喻什么的，接二连三置换成语句。身为读者的我通过阅读而进一步置换：您的小说中出现的所谓“骑士团长”，大概就是之于我的“这个”，所谓“长面人”恐怕就是这样的……小说所描写的，就是之于我的“那个体验”，就是“这个人”——以类似这样的感觉和自己连在一起。每读一遍都有所变化，从而成为您说的“嚼鱿鱼干”那般丰富的故事。

用刚才的话说，村上风格不同于原初的古代故事，而是不妨说是“古代 2.0”那样的“洞穴风格”。在那里边，主人公面对不可思议的事象时很正常地感到迟疑和困惑。带着现代性自我进入地下室，是吧？这地方是不是和古典文学不同？

村上 是啊，给你那么一说，也许真是那样。

—— 大凡发生的事，全都作为现实加以接受。但困惑还是困惑的。比如魔幻现实主义小说就是将不可思议作为不可思议而向前推进的，并不使之可视化。这个过程中，出场人物在不可思议事象面前全部像被催眠了似的。而您的小说却是完全清醒的。尽管不是醒着做梦，但觉醒很重要，是吧？

村上 呃，对了，我要再确认一遍：我的行文基本是现实主义的，而故事基本是非现实主义的。所以，那种分离从一开始就作为前提显而易见。充分使用现实主义文体推进非现实性故事，这是我追求的目标。恕我一再重复，《挪威的森林》那部作品，从头到尾都是我做的个人实验：用现实主义文体写现实主义故事。因此，“啊，不要紧，用这个也能写了！”——有了这个念头，往下就一路顺畅了。如果能用现实主义文体写一本现实主义小说，而且能写一本畅销书，那就无所畏惧了。（笑）往下随心所欲就是。

这么着，我觉得可以写任何自己喜欢的东西了，那以后不久就动笔写《奇鸟行状录》。把故事的“异想天开性”放在具有某种程度的精确性的现实主义文体上面。结果产生了妙趣横生的效果。这点在那里得以再次确认。

这样，我想说的另一点是，我本人是想法正常、活法正常的极为理所当然的人。相对说来是个普通人。起码自己是这样想的。可是，一旦动笔写小说，就会有莫名其妙的事纷至沓来，故事的发展越来越匪夷所思。自己身上那种乖离、分离似的东西也是有的。无论怎么看，我都不是所谓“艺术家类型”。生活也基本中规中矩，不做什么古怪事，也具备一般人所具备的常识，过着极为理所当然的较为四平八稳的日常生活。可是一旦坐在桌前开始写小说，自己身上会发生什么就好像无由知晓了。也罢，我小说中的主人公所体验的事倒也与此大同小异。（笑）

—— 使用那种现实主义文体创作现实主义故事——带着这个目的写了《挪威的森林》，结果受到无数读者的欢迎。我想，对于读者来说，那很可能是再幸福不过的事。最先读《挪威的森林》的人绝对占多数。

村上 从数量上说我想是那样的。

—— 读了现实主义的，也就是自己知道的现实故事。接着读您的其他作品，阅读体验势必从现实主义向非现实主义转换，是吧？羊什么的出现了，而且可能事关重大。通过读您的书，读者也学到了从现实主义向非现实主义过渡的方法、诀窍，我觉得。

村上 作为我，《挪威的森林》是我积极主动地想做一件和以往不同的事而写出来的。常被说成的是“文学性后退”啦什么的。

——“文学性后退”，好便利的说法。（笑）后来有《舞！舞！舞！》，有真正异化炸裂的《奇鸟行状录》的诞生。不过，用现实主义文体写非现实主义故事的尝试，在《挪威的森林》之前，例如《寻羊冒险记》就已经在某种程度上开始了吧：

村上 多少做了一点，但远远不够火候。

—— 相对说来，怕是该说非现实主义占了上风。现实主义文体的印象……

村上 一本书里边，有几个部分是“很想再这么写一写”的，但还没有实力，没能写得尽兴。于是，就把“这个地方还写不成啊！”那一部分设法巧妙地绕过去，觉得这儿也怕不行的地方也绕过去……这样的事当时这里那里也做了不少的。当然，那种迂回动作的效果、类似妙趣的东西也不是没有，但在我本人眼里到底意犹未尽。

—— 您说的这里不能写，是什么意义上的呢？

村上 纯粹技术上不能写，指的是。

—— 不是细节，而是想写这个却不顺手，感觉上？

村上 细节不能写的时候当然也是有的。以高尔夫来说，本想这么打那样的球道路径脑袋里虽然有，但不能让球顺利通过那里，不能把球打进预想的地方。说还不具备那样的技术也好，有技术性或精神性死角也好，反正就是无能为力。

—— 初期三部曲当时写不出来的东西，如今还记得吗？

村上 那倒是非常单纯的。例如三人对话，不知为什么，总是写不好，寸步难行。

—— 后来在《挪威的森林》中做到了，有名的趣闻！

村上 是的。在《挪威的森林》中做到了，第一次，记忆中。两人对话本来就会，三人对话不会。

—— 主人公又没有名字。

村上 是啊！如果出场人物没有名字，三人对话就非常棘手。而出场人物偏偏没取好名字。所以，我的初期小说，必定是一对一对话。还有，伴随大动作的场面什么的，也够棘手。

—— 动作也不好处理？

村上 嗯。另外，写性场面也让人头痛。

—— 真的？（笑）

村上 比如《寻羊冒险记》啦，那样的描写几乎没出现。

—— 的确，顶多“我们性交了”。

村上 这样，在《挪威的森林》中就想狠狠写一写。

—— 狠狠写了，三人也对话了。

村上 啊，讨厌啊，不好意思啊——一边这么想着一边鼓足干劲写了好多性场面。写完一回，心情就放松了。往下嘛，就开始被人说成“村上是色情作家”了。（笑）现在也差不多还是不好意思……

要想“无计划”地写小说……

—— 听您说到这里，得知您基本是在没思考对自己而言“夜鬼”是什么啦“羊”是什么啦的情况下写小说的。不过，一旦作品递到读的人手里，就要和无可言传那样的个人体验重合在一起。例如有人阅读时要思考“羊是日本现实本身”啦“五反田君的做派是资本主义不折不扣的隐喻”啦什么的。作品中有好几条线，有很多每个时候都能“代入”的元素。总之大家是在进行深度阅读的。

村上 写小说当中，是要出现形形色色东西的吧？棒球棍啦，骑士团长啦，铃啦，五花八门的东西接二连三。虽然都是突如其来出现的，但又不能因为心想“哦，这玩艺儿出现不好办啊，没有用啊”而打发回去或一笔抹消。出现一回的东西笃定还要在哪里出现，融入故事之中。至于那意味着什么，则没有一一思考的余地。一旦思考，就裹足不前。

—— 那一来，用上出现的东西写完了，最后会不会配合性提供答案：“所以这个成了这样子”或者“这个对自己有这样的意义”……

村上 不会。只是后来啪一声拍大腿罢了：“啊，果然，原来是做这种用途的！”

—— 用途？

村上 嗯，只是用途。

—— 完全没有自我解释自我领悟什么的？

村上 不至于。就算写了能用脑袋解释的东西又能怎么样呢？故事这玩艺儿，因为无法解释才有故事形成。假如作者认为这个有这样的意思，一个个打开包袱，那就一点儿意思都没有了，只会让读者失望。我一向认为，正因为作者也稀里糊涂，意思才会在一个个读者身上任意膨胀开来。

—— 那对您的小说很重要这点我明白了。不过这且不论，实际上这个表示什么、那种关联其实是这样的意思——这样的念头您身上没有的？

村上 没有，完全没有。说到底，读者总体上是聪明的，如果有那样的圈套，当即败露无疑。这是圈套嘛！一眼就看穿了。那一来，故事的生命就弱化了，不会抵达读者心底。

就连写的人也不具有类似正解的东西——正因为读者朦朦胧胧地整个接受了朦朦胧胧的东西，才能各自从中找出之于自己的含义。因此，不可能有这样的事情出现——读者问我：“村上君，这部分的意思是这样的吧？”而我断言：“不、不是的，这个是这样子的！”作为我，只能说：“有道理，原来可以这样看。”有点儿像河合隼雄先生了：“噢——蛮有意思的嘛！”（笑）

—— 现在的作家也都和您一样，什么也没确定就开始写，最后写的什么自己也不理解。这样的例子我觉得相当不少。不过印象中好像没能形成您的小说和读者之间的那种体验。

村上 那和古尔德左右两手啪啪啦啦分开使用，弹出的东西根本不成其音乐是一回事。(笑)

—— 不确定下一步、只管委身于故事和语言的自发性——那么说来，我想那么写作的作家不在少数。

村上 果真?

—— 嗯。是好是坏另当别论，印象中“无计划”(no plan) 地写小说的人有许多。自称浑浑噩噩写就是了。“至于出场人物里边这个人和这个人如何发生关联，写的当中自会涌现出来。”真的时常听人这么说。纯文学构思什么的不太受重视。

村上 原来如此。一无所知。

—— 嗯，看访谈啦对谈啦，给人的印象好像这样的写手很多。那么说来，几年前和乔纳森·萨弗兰·福尔[①]交谈时他也说了同样的话。一开始什么也不考虑很重要，再没有比考虑着写更无可救药的了。不过我说那怕是不能一概而论。为什么呢？因为首先小说是自由的东西。再说，运用技术把脑袋里已有的结构和效果图变成文章形式——这种建筑式达成或美学景观那样的东西，有也是理所当然的，我以为。

话说回来，尽管和您以同样姿态动笔写故事的人有很多，甚至

① 乔纳森·萨弗兰·福尔（Jonathan Safran Foer)，美国青年小说家，纽约大学写作课客座教授。

写怪异故事的人也有不少，然而您身上仍好像出现了您特有的现象。假如把您这一存在比作一口井，那么只能说井里边的东西和其他作家截然有别。因而，出现的道具也不同。并且……哪怕再任由故事自发性写出的奇谭，作为结果，多数作家恐怕也还是只能到达地下一层领域。

村上 从那里下到底是不容易的事。要下到那里的时候，虽然我不做什么具体准备，但至少得留出足够的时间。留出时间非常非常重要。真要下到地下二层之时最为重要的，是捕捉准确时机。非等到此其时也的时候不可。万万不可操之过急。若有截稿期限，就不能等到那时候吧？

—— 嗯，不能。

村上 所以，反正不要把截稿期限放在心上，而要促成能够随意投入时间的态势。刚才也说了，执笔当中投入时间当然重要，而执笔前留出时间也同样重要。我么，花一两年时间静静等待。等待时间里做翻译或偶尔写随笔什么的。这么着，“刺杀骑士团长”这个书名和此外几个点就浮了出来。忽有一天，起跑点找到头上来：“OK，是时候了，马上开写！”于是悠然动笔。若是没准备好的时候，即使催我“好了好了，请开始吧！”那也开始不了。无论多么高明的冲浪手，合适的浪头不来也是冲不上去的。抓住此其时也的准确节点再要紧不过。

刚才你说的无计划写作，哪里也没到达的人肯定抓不住“此其时也”的时机。是吧？还有一点，文体可能还没形成。不具有自家文体，深入地下就无从谈起。那可是极其危险的，因为文体好比生命线。

—— 个人认为，“无计划”写作，写到最后甚至作者本人都不晓得写的什么那样的作品，大体像是自言自语。

村上 那是理所当然的。毕竟小说的基本就是想说的不直说。

—— 那么，即使、纵使（笑）能下到地下二层，也还是要有能和读者分享那里所见的文体才行。是吧？

村上 当然。我大体作为专业作家写了近四十年小说，可是若说自己至今干了什么，那就是修练文体，几乎仅此而已。反正就是要把行文弄得好一点儿，把自己的文体弄得坚实一些，基本只考虑这两点。至于故事那样的东西，每次自会浮现出来，跟着写就是。那东西归根结底是从那边赶来的，我不过是把它接受下来罢了。可是文体不肯赶来，必须亲手制作。而且必须使之天天进化。

—— 进化。这就是说，文体不是能完成的东西？

村上 不是能完成的。

—— 不断变化的？

村上 是的，文体处于快速变化之中。作家活着，文体也随之活着呼吸着，理应天天变化，就好像细胞新陈代谢。不断更新很重要。否则就会从自己手上溜走。

—— 以便在必须写这里的时候能够得心应手？

村上 正是正是。行文终究是工具，其本身不是目的，只要作为工具有用即可。所以不存在完成态。过去不能写的事物现在我也能大体写出来了。想写的东西现在差不多能写了？

—— 没有不能写的吧？

村上 想写的东西，我想基本能写了。迂回的必要也没有多少了。只是，如果叫我写历史小说，那是有点儿不好办（笑）。这个那个也要做准备。

—— 历史考证什么的。(笑)

村上 嗯，专业术语也必不可少。只是，若问我写的故事世界里有没有以现代的条件技术上不能写的状况，估计大体上总有办法可想。毕竟写了很长时间嘛!

猫头鹰和作家的文件柜

—— 这本书有画出现，主人公的职业。那到底是决定启用画家写下去的结果吧？画家当主人公是头一次。

村上 两三年前去美国的斯坦福大学领了个名誉文学博士学位。当时那里有一位名叫苏珊·内皮尔的日语老师，和她的先生在宴会上交谈来着。他是美国人，现职肖像画家。那时和他谈了许多。他说肖像画家是极有意思的职业。这句话模模糊糊留在了我的脑海里。于是，这次考虑主人公的职业时，心里就想写肖像画家什么的可能不坏，开始写了起来。事后想起来了："对了，那么说来，苏珊的先生是肖像画家来着!" 我的记忆便是混沌到了这个地步。

—— 这本书是从发现名叫"刺杀骑士团长"的画那里开始的——他的职业是画家这点有很大作用的?

村上 很大的，嗯。

—— 发现"刺杀骑士团长"那幅画的，不是别人而是"我"，是因为他是画家吧?

村上 不错。只是，实际开始写小说之前，我还不知道主人公是画家。有了"刺杀骑士团长"这幅画的名字，有了最初的段落和《二世缘》这两个要素，由此写起。同时心想那么此人的职业是什么好呢？开头是“那年五月至第二年的年初，我住在一条狭长山谷入口附近的山顶上”。那么，为什么要住在这样的地方呢？于是想到肖像画家怕是够有意思的。

—— 那么，知道“刺杀骑士团长”这个画名是什么时候呢？

村上 那是大大往后的事，后而又后（笑），打开洞以后。

—— 当真？

村上 当真。

—— 打开洞之前，“刺杀骑士团长”仅仅是个短句？

村上 不错，脑袋里最先浮现出“刺杀骑士团长”这个书名，由此动笔。动笔之后马上决定把主人公设定为肖像画家，事情的确如此。便是这样一种流程。那时终于知道了，啊，这样好歹可以把故事带下去了。

—— 有了开头，小田原山上有了独居男人。

村上 因为住在小田原深山里一座山的山顶，所以不会是一般上班族，应该是自由职业者。但是，如果职业是小说家，那就太没意思了，所以弄成了画家，而且要弄成有点儿与众不同的肖像画专业画家。这样，故事就动了起来。

—— 于是那座房子里有画。有画是先一步的吧？肯定！

村上 唔，是先是后呢？忘了，那玩艺儿！

—— 忘了？（笑）

村上 那种事我一下子就忘掉的。忘了，而代之以简单捏造记忆（笑），倒不是故意的。不过，大致框架是对得上号的，我想。

—— 确定主人公住小田原房子的时候，打开洞的意象已经有了？

村上 有了。因为《二世缘》一开始就作为关键因素安排进去了。洞必须打开，这点十分明确。

—— 在您笔下，虽然种种情况都是偶然发生的，但在写的当中又都各带能量促成一种势头。这个已经明白了。问题是在结果上读者总是认为那一切都有机地连在一起——即使您说不是刻意为之……

村上 呃。不过嘛，猫头鹰的确是有的，家里。

—— 啃，您又这么说（笑）。

村上 在以前的房子住的时候，房子有阁楼，猫头鹰就住在那里，可爱得不得了。从那时开始，就心想迟早非让猫头鹰出现在小说里不可。这回忽一下子想了起来。

—— 可您忽一下子想起的猫头鹰这个存在，不是不由自主地成了支撑这个故事圆环的要素了吗？而且成了使读者认为自己也置身于某一个“大圆环”之中的存在。

村上 写长篇小说的时候，时不时有匪夷所思的事发生。场的力量会顺利处理我力所不及的问题——每每出现让我只能这么认为的情形。我们只能相信那种场的力量，我觉得。

—— 问您小说中种种东西的意义是没有意义的，这我完全清楚了。但还有一点想问：有了“刺杀骑士团长”这幅画，有了暗杀纳粹高官未遂事件。同一时期画家的弟弟自杀身亡，而且发生在和藏画场所同样的阁楼里。那是仿佛洞穴倒置的场所。猫头鹰也看见那个了吧？猫头鹰是为了让这一切同时发挥作用而存在于小说中的吧？

村上 有的吗，猫头鹰？猫头鹰是看见了。（笑）

—— 有的，那个！还不是，在《刺杀骑士团长》这部作品里，猫头鹰和《奇鸟行状录》的“拧发条鸟”具有同样的意义和功能，是必不可少的存在。超越时态和逻辑的故事，其内部需要有不同于神的视角的、什么也不参与的超越性存在，而猫头鹰恰恰是那样的存在。

村上　我时常说来着，对于作家必不可少的就是抽屉。如果必要的时候没有必要的抽屉一下子打开，小说就写不成。猫头鹰或许就是其中一个。

——　噢，就是要有抽屉……

村上　自己的抽屉小的人，或者工作脱不开身而没时间装满抽屉的人，里面就要渐渐枯竭。所以，我什么也写不成的时期就拼命往抽屉里塞东西。一旦开写长篇，那就是全面开战，大凡有用的东西都要上阵。抽屉哪怕多一个也好。

——　以前《奇鸟行状录》中有井出现，后来没再写井。关于这点，记得有一次古川日出男[①] 问您："感觉上井已经写完了？"您说："啊，要是老写同样的东西，多难为情啊！（笑）"可这次也有"洞穴"出现了嘛！

村上　那么说倒也是的。又是"洞"话重提！不过，布鲁斯歌手不也是每天都在同一唱片里唱个没完吗？没办法的嘛，是吧？只能这样。

——　出来了，会不会觉得和上次重复不好，而想改一下呢？

村上　我这个人，以前写过什么差不多忘个精光，所以有的地方不会有那样的感觉。《二世缘》讲的是从土里挖出即身佛的故事。小说毕竟以此为起点写起的，势必有洞穴出现。所以觉得已经别无选择。人这东西到底是有套路的，万变不离其宗。只要每次写法多少有所不同也就是了，我想。

——　改变写法就可以了？即便同一东西出现？

① 古川日出男，日本当代作家。曾以小说《三百女人的叛变之书》获"读卖文学奖"。

村上 嗯。或者改变角度，或者改变描写方式。如果你说道具不都是一样的吗？那的确是一样的。可是，作为我的感觉并不一样。每次都是新的，就算不能说是改良型。反正洞也好井也好，总好像有吸引我的地方，什么原因不知道。我也觉得莫名其妙……

—— 上次是钻到井里，意味着钻进自己的潜意识。

村上 指“穿墙”吧？

—— 是的。《奇鸟行状录》那时候。他在那里见到动物园中的大约是肉豆蔻父亲的那个人，所有东西全都和现在连在一起。包括诺门罕事件在内，一切都以现在进行时活生生感同身受。我想那大概主要来自您自身的读书经历，比如小时候读了十九世纪的小说，将其故事本身作为自己的体验融合起来。在这个意义上，关于诺门罕事件那场战争，不是把它作为小说素材，而是作为体验来描述的——是以这种感觉写的吧？

村上 嗯，不单单是引用，而是想作为同自身密切相关的什么写下来。

—— 您是说《奇鸟行状录》那时候，通过那样下到井底，而获得了历史和自己的确密不可分的感觉。这次虽然也有洞穴出现，但主人公不是在石室，而是在最后阶段的疗养设施场景追赶逃进方形洞穴的“长面人”，去到更加离奇的地方，去到地底世界。这点我想多请教一下，没关系的？

村上 应该没关系的。

引水员三十五六岁正好

—— 那么往下继续。那个场景出现的东西，反正全都是隐喻。洞本

身就是引喻，“长面人”本人也说自己是隐喻。“那好，说个隐喻试试！”不过很难说是乖巧的隐喻啊！（笑）

村上 怪可怜的！

—— 那地方，看得我笑了。这回因是第一人称，尽管不是钱德勒，但冷酷气氛也还是有的，使人轻易笑不得。时不时有一本正经调侃的场面出现。总体上我倒是认为属于严肃小说。

《奇鸟行状录》的主人公冈田亨三十岁，他本身正是道德感还很强的年龄。有社会和自己的关系，又处于还能抱怨社会的立场。所以，比喻什么的说得妙趣横生。但这本书里的“我”，感觉上要比三十六岁大一点儿。

村上 那么说来或许那样。倒是没怎么意识到……

—— 主人公正是“我”这个人。《奇鸟行状录》那时候和外部密切相关，这回“我”进入隐喻之中。在那里和自己自身相遇，开始逼视这次采访一开始就成为话题的自己本身的“恶”那样的东西，决不让步。为此，类似集体无意识的“争夺”的东西在自己身上出现了，是吧？为了不被双重隐喻的“恶的故事”抢夺过去，就要一心一意想起好东西，想起理念性质的东西。在这场争夺中，主人公最后忽一下子钻了出去。这里，到底把分娩意象用上了吧？

村上 的确。

—— 这就是说，写的当中，到底有“啊，这个多少带有分娩意味”那样的心情吧？或者……

村上 那是有的。边写边有那样的念头浮现出来。不过，要是心想“这是分娩隐喻”可就完蛋了！

—— 哦？那么一想就完蛋了？

村上 嗯。写的人如果心想“这是分娩、是再生”什么的，那就到此为止了。动脑筋思考交给别人好了。那不是我的工作。

—— 可还是一闪一闪的吧？到底。

—— 一闪之念是有的，那奈何不得。但要尽可能不把故事带到那边去，至少不诉诸语言。这是铁律，是基本方针。刚才也说了，刻意诱导的路径，肯定给读者看穿的。

—— 但一闪之念是感觉得到的？

村上 当然感觉得到。也认为那未尝不是一种想法。

—— 但不能认可，不能认为是正理。这点很关键。

村上 当然。尽量不让眼睛从那样的地方移开，要继续下文！不能为了思考而停下脚步，反正要继续前行。重要的是不给自己以思考余地。

—— 原来是这样。

村上 对了，刚才说到年龄，常有人问我为什么不写自己的同代人。

—— 是啊，写的也就是一两篇。是《驾驶我的车》吧？主人公……

村上 不过那是短篇，第三人称吧？长篇小说嘛……

—— 没有吧？

村上 是没有。至于为什么，我也不清楚。不过，即使我现在就写比如六十岁的人，大家想必也要说“不真实”，是吧？（笑）

—— 的确。（笑）那么，您所考虑的三十六岁的实感什么的，对于您是最容易放进什么的？

村上 容易讲述。以那样的目光看着世界讲述，对于我感觉比较自然。当然，与此平行，《海边的卡夫卡》有“中田君”那个年纪的出场，这回有“免色先生”那样年纪的人出现——写起来觉得到处都能对上焦点……

—— 但成为主轴的到底是……

村上 作为主人公我想写的，基本上是普通人，有通常生活感觉的人。而且在各种意义上都是处于自由立场的人。无论谁，到了一定年龄，都怕有种种样样的现实问题缠上身来。但若是三十五六岁，还……

—— 还在中间？

村上 是的，还停留在人生中间地带。我想我大概是需要把类似之于故事的“引水员”那样的人作为主人公的。而若到了五六十岁，势必形形色色的人生羁绊如影随形，动作无论如何都要变得迟缓。

—— 那是啊！太年轻了引不成路。不妨说是最后的缓刑期间吧！

村上 不再年轻了，但还没到中年关口。虽说一定程度上有了自我那个东西，但还没有固化，还有迷惘。往哪里迈步都悉听尊便。比如这次的主人公“我”，继续画肖像画也好，画自己想画的东西也好，不是都能选择的吗？对于小说我想是要有这种“可以倾向任何一边”的可能性的。

—— 那么，您自身的实际年龄和小说所需要的主人公年龄将越离越远，是吧？这样，是不是每次都要动脑筋想“现在三十六岁的人如此这般思考问题”？

村上 无此必要。

—— 可以照写不误。

村上 我也有过三十六岁的时候，回想当时不费什么事。打开抽屉即可。最开心的，是写《海边的卡夫卡》的时候啊！

—— 十五岁的田村卡夫卡君。

村上 写的过程中当然没有意识到十五岁男孩视角那类东西，那根本做不到。但能够常常想起自己十五岁时嗅的是怎样的气味、呼吸的是怎样的空气、沐浴的是怎样的光照等等。至于精神上怎么样啦，考虑什么啦，那些倒是几乎想不起来。但肉体方面的大体记得一清二楚。风的触感、声的传播等等，那样的东西在肉体上恍若昨日，尽管不是普鲁斯特。一边梳理那种肉体性记忆一边写故事，实在让人乐不可支。那种事居然能重新体验一次！

—— 我嘛，喜欢读初一的您在某个春日因为忘带生物课本而回家取那篇很短的随笔。我想您绝对不记得了。（笑）

村上 啊，记得。《朗格汉岛的午后》。

—— 是的是的。对了，《毛绒绒》那本随笔集里写了猫的故事。当时的情景描写啦质感啦，至今仍感同身受，自己本身就在那感觉之中，觉得。您自己也真切记得的吧……那么，回到刚才的话题上来。关于隐喻，一旦自己刻意写也照样玩完儿？

村上 玩完儿。那是采取象征和隐喻形式的什么。假如一一贴上标签，那就死定了。

—— 您把自己也不明所以的隐喻接二连三动员出来写成故事，那岂不有可能成为杂乱无章的东西？不了解您的做法或秘诀的人看了，即使觉得“什么呀，这玩艺儿！”，那也无足为奇。可为什么还是有读者紧追不舍呢？

村上 为什么有读者紧追不舍，你不知道的？

—— 就是说？

村上 就是说，小说我来写，写完读者读——因为现阶段这已作为信用交易得以成立。到现在我已写了将近四十年小说了，从未对不住读者。

—— 噢，对不住读者不至于吧？（笑）

| 信用交易，把时间拉向自己这边

村上 不至于。具体说，“这是黑匣子，里面的东西看不清楚了，云山雾罩莫名其妙，但我是花好多好多时间尽心竭力写出来的。绝对不是莫名其妙的东西，请整个收下好了！”我这么一说。“好的，明白了！”说罢接了过去——这样的人世上是有一些的。当然也有人一把扔开：“什么破东西！”但相反的人也有一定数量。于是小说得以成立。除了信用交易，这还能是什么呢！归根结底，小说家所需要的，无非是这种信赖关系：“请多关照！”“明白了！”信赖此人不会干坏事，也不会干怪事——正因为有这种信赖之心，才肯买书。“怎么样，没有对不起你的吧？”用关西腔[①]说起来可就有些生动了。（笑）

—— 那怕就是所谓共鸣约定吧——“这本书看了会感动”或者“会哭”。

村上 根本不会。

—— 完全相反？

村上 嗯，感动无从谈起，哭也谈不上。倒不如说可能感到莫名其妙。

—— 你要看什么，我就献上什么，或者说让你单独享受什么——不是那样的东西，那也是危险的东西……比如百万村上读者当中，有多少人会真正穿过地下一层而下到更深的地方一起看书……

村上 那个地步的我也不知道，也猜想不出。

① 关西腔：日文中，这句话是用关西方言说的。村上是京都人，属关西地区。

—— 假如你有五十万人完全下到地下二层，而在某种层面接受故事的话，那么别的书也应该多少卖得动才是，我觉得。(笑)

村上 “多少有点儿离奇古怪，但既然这个人（村上君）说不是坏东西，那么就不会是坏东西吧！”读者这样接受。这就是我所说的信用关系。集体无意识在这里是这样描述的——即便没理解到这个程度，但读的人也还是大致知道这里好像有如此这般的东西，他们大体晓得哪本书有如此这般的东西哪本书没有如此这般的东西。“这里有什么，而且绝不是坏东西！”一定数量的读者和我想必是这样相互理解的。或者作为我宁愿这样认为。

—— 呃。第一次读的时候我也那么想来着。到底是那个时候信用关系就形成了，十五六岁的时候。

村上 那个再重要不过啊！所以我最喜欢的是读者来信，例如有这样的信：“村上这回的作品让我大失所望，死活喜欢不来，但下一本也肯定会买的。请加油吧！”(笑）这，这就是最好的读者！为什么呢？因为信用关系牢不可破。那样的读者，就算那时觉得“这本书好无聊啊！”而过了几年回头读，也有可能改变看法：“并不是那么无聊嘛！”这种可能性是有的。觉得没意思也还是要买下一本书，这就是信用关系还在继续的证据。

—— 果然。

村上 要形成这种信用关系，我也必须尽可能花时间，不怕麻烦，认认真真写好每一部作品。整体上读者一眼就会看穿的：这本是尽心竭力写的啦，那本不是啦。粗制滥造的东西，几乎都要消失在时间的长河中。我们务必把时间拉向自己这边。为此就一定要尊重时间，珍惜时间。

—— 那种信用关系里边，有的人接过您递来的黑匣子之后原样放在家里不动；有的人打开细看，自己身上的某条线路受到影响，从而像我这样开始写东西。是有的吧？

村上 是那么回事。共鸣的程度和质量当然因人而异。

—— 您把书比喻性地递到接受者手里的时候，一看对方的表情，感觉上可会确信对方一定认为接到的是好东西？

村上 会感受到的。当然是在比喻意义上。

—— 可是，黑匣子这东西毕竟是相当危险的场所。在那里，读者既可能遇上自己不想遇上的东西，又可能被卷入各种各样的东西中。

村上 举个例子，有人因为喜欢读塞林格的《麦田里的守望者》而开枪打死了约翰·列侬。那种事有时是会发生的。故事这玩艺儿是活的。我们是在制作活物。有时候那个活物会捅醒人所怀有的黑暗部分。说可怕那也是可怕的。不过那不是塞林格的责任。

—— 成为罪犯当然不是因为那个。有可能那是无数构成要素之一。但事后终将明白，马克·查普曼[①]喜欢看塞林格那样的事总会发生的。包括这个在内，创作故事、递给黑匣子这一行为——自觉写百分之百娱乐性东西的人或许例外——将有别于所谓消费的递交方式作为理想创作文学和故事，到底是要有觉悟的。当然，即便期待小说发挥向善功能，那也必然含有那种危险性。

村上 不含有某种危险性，故事就不作为——肯定有这种情况。毕竟是从古至今延续下来的装置，要把人心底层部分（earthy）挖掘出来，某种程度上那怕也是迫不得已的。不过还好，迄今为止，事关我写的

---

① 马克·查普曼（Mark David Chapman），于 1980 年 12 月 8 日晚开枪杀害摇滚明星、“披头士”乐队主唱约翰·列侬。

小说，尚未收到类似“实际伤害”的报告。

只是，根据把我的书译成英语的泰德·古森寄来的多伦多的报纸，多伦多的书店被偷的书，村上春树的占压倒性多数。书店的店主都在那么抱怨。与此相似的情形，以前在旧金山的报纸上也看到过，说我的书最容易被随手带走。

—— 怕是没钱的年轻人带走的吧？

村上 不清楚。反正小偷像是铺天盖地，偷我的书的。

—— 也可能转手倒卖。

村上 若是那样，不是有更好卖的作家吗？畅销作家啦。不可思议啊！

—— 那，刚才说的，在某种意义上，未尝不让人感觉出“故事”的本质性东西……

村上 你是说我的书同某种犯罪性有关联？过去有个叫艾比·霍夫曼（Abbie Hoffman）的人因出了一本名为《且偷此书》（Steal This Book）而惹出了问题。查亚马逊，“霍夫曼”现在显示的都是“且偷此书霍夫曼”。好笑倒是好笑。

—— 在亚马逊如何偷书呢！（笑）

| 地下一层的“闷闷不乐室”问题

—— 为了准备这次采访，我重新读了《为了年轻读者的短篇小说导读》①。这也是因为，作家如何读作品，也正是他自己写东西时的要

---

①《为了年轻读者的短篇小说导读》：村上春树著，1997 年由文艺春秋株式会社出版。

点。这么想来，关于作家是在哪里对这个故事、这部小说加以异化的，您是非常注意的。

村上　一点不错。

——　读的过程中，看得出异化点是您关注的中心，其次是作家自身的状态。两条线：如何异化的？如何对待自己的？即使在您写的小说里面，我想这也是无意识中的两大动脉，在您落笔阶段。

《为了年轻读者的短篇小说导读》里边，您在论述吉行淳之介和小岛信夫、安冈章太郎、庄野润三等作家[①]的小说的时候画了图。画了双环圈，外侧有外界，有外压。内侧圆圈里边有“自我”（ego），中间有“自身”（self），就是这么一幅图。您在《思考者》二〇一〇年的长篇访谈当中也说“对自我那个东西提不起兴致”，说得相当详细。关于这点，我想再多问一句。以前面的房子打比方，“本我”大概是这里，地下一层部分。

村上　嗯，大体是那样的。

——　就是说，所谓现代日本的、比如小说，十之八九要进入其中的，闷闷不乐地。地下一层的，就叫“闷闷不乐室”好吗？（笑）您说来着，对自己有兴趣，写小说也是为了了解自己。那么，下到地下时您是如何处理自己本身的自我（ego）的呢？

村上　尽量不靠近。（笑）

——　不靠近？可是，一开始不是也提到了，要去地下二层，非得从“闷闷不乐室”旁边通过不可吗？

---

① 均为日本当代作家（包括下文出现的丸谷才一），一般被视为“第三新人”。其中吉行淳之介是村上处女作《且听风吟》（1979）所获“群像新人奖”的评委。

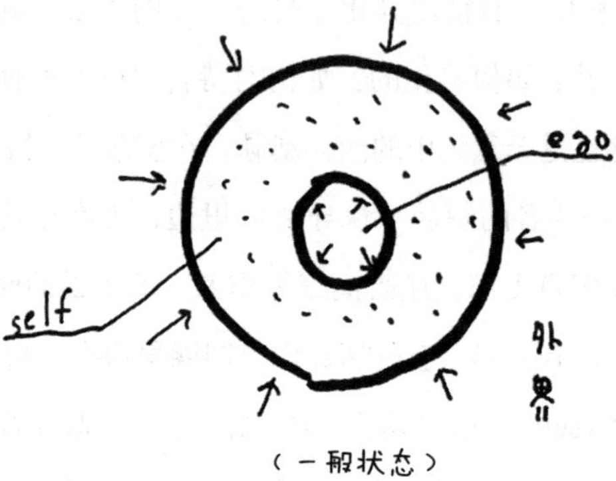

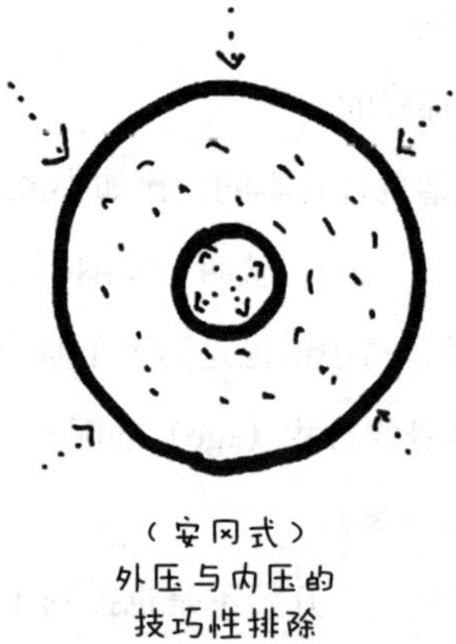

出自《为了年轻读者的短篇小说导读》（文春文库版）

村上 低头通过（笑），大步流星地。

—— 这座房子的图嘛，假如为了化解极端的苦闷而使用“自我”和“自己”这个双环图，那么地下二层相当于哪里呢？

村上 相当于哪里呢？没想到那个地步啊！

—— 是吗？没准直接连在一起？

村上 或者莫如说，我觉得《为了年轻读者的短篇小说导读》所采用的所谓“第三新人”的作家作品里面，基本不具有“地下二层”要素。被抓去当兵，卷进战争，遭遇很惨，几乎被整个赤身裸体投到战后空荡荡的废墟中。甚至得了肺病什么的，不得不在其中苟延残喘。不妨说大多是在生存极限状态下写的作品。因此，就算有苦闷的东西，心里也没有紧紧抓住不放那样的余地。而且从军国主义中解放出来了，往下要搞民主主义什么的了，所以好像还是分外豁达的。何况政治上几乎都空落落的。我喜欢那样的感觉，于是选讲“第三新人”。那是日本文学史上我差不多唯一积极评价的群体。

—— 没有地下二层？

村上 休说地下二层，就连地下一层也没有多少。怎么说呢，好像本来就没有那种视角。毕竟在地上活下去都相当艰难，光是调整社会外压同自己的关系都已累得气喘吁吁。自我什么的，太奢侈了——也有这样的意味。那东西也可能非常不赖，很难说清。所以才觉得不妨用示意图来解释。

不过，只有我在那本书中选讲的小岛信夫的《马》、《拥抱家族》和丸谷才一的《树影谭》这三篇含有连接地下二层的奇异因素。安冈章太郎的《蛾》也怕是同样。

—— 您所以欣赏过去的名作，例如十九世纪的小说，或初期的冯内古特、布劳提根《天天西瓜糖》(In Watermelon Sugar)[①]，也是由于欣赏他们的自我处理方式吧？把自我一脚踢飞，“酷”得很。

村上　正是！对那东西几乎不屑一顾。

——　自我这东西，较之内在的，总是外在的多得多，一脚踢飞为好。这大概意味着可以不经过“闷闷不乐室”而去了别处。

村上　有可能。的确，我尽量不让自己跟现代自我那样的东西打交道。是否视而不见另当别论，反而想另辟蹊径闯荡一番。

——　地下一层早就不灵了？

村上　不能说不灵，实际上那样的东西也在引起种种样样的问题。但事到如今，再想弄个究竟也无济于事，我觉得。自明治以来，现代文学大体已经做完写尽了，早已无计可施。所以姑且扔开不管。

——　就是说您是从那里启程的？

村上　是的。所以那一层尽可能快步通过。碰上了，就大致打个招呼。总之敬而远之。

——　原来如此。

村上　怎么说好呢，我所以长期遭受所谓文艺界的白眼，我想恐怕也是因为我把那里一脚踢飞。大概他们认为不把那个地方拿起揉搓一番，在文学上是不诚实的。

——　可是，村上先生，太宰治那样的，至今仍人气爆棚。

村上　那是那是。

——　就是说，尽管太宰治处理的自我问题里面有当时的战争等种种

---

① 日本译作“西瓜糖の日々”。

因素，而且被其笔调所吸引那种情况也很多很多，但特别喜欢太宰那样处理所谓自我的小说的人，同时也喜欢村上您的小说。说不定带着“这就是自己”的共鸣，并且作为同样宝贵、同样重要的东西来读。

村上 那是因为，太宰治那个时代是需要描写那种自我存在状态的。而且，他在那个时代不得不以那样的风格写小说的“必然性”，如今也在热辣辣喘息着。

—— “必然性”本身有效，是吧?

村上 作家这东西，毕竟是呼吸时代空气活着的。不过，当下的作家搞那个，我想未必多么有效。特殊例外另当别论。

—— 是那样的啊！那些东西里边，哪部分有效，哪部分无效，我想我也能以自己的方式理解。

“渥美清和寅次郎”[①] 可不好办

—— 话多少说回来，关于刚才的信用关系，您说由于有“嗳，是没有对不起你的吧?”的积淀，所以这次出的书大家也会拿在手上。这点十分理解。只是，例如沙丁鱼从天而降啦一搬石头就闪出白亮亮的光线啦，出现这类难免让人费解的情节的时候，如果这点也还能行之有效，那么作用于读者的，应该是文体的力量吧？过去构筑的信赖固然是个原因，但毕竟要经过读者分别阐释而置换到自己身上，并使之发挥作用——对这一作业的结果，读者本人也会吃惊。

---

① 渥美清和寅次郎：渥美清在日本系列电影《寅次郎的故事》(男人多辛苦) 里扮演寅次郎，以其精湛的演技消解了演员与电影主人公 (被饰演者) 的界线深受好评。

村上 读者本人？

—— 是的。读者也吃惊。主人公“我”也为“居然有这等事”感到吃惊，同时进入离奇事件的世界中去。而且不会一帆风顺，势必和读者共同拥有一个精神体验。“哪怕再说会发生离奇古怪的事情，却也……”如此困惑着卷入其中。那是作为引水员让读者自觉的吧？

村上 是啊！那种情况，在某种意义上自《寻羊冒险记》以来几乎没有改变。我的小说常被说成是“被卷入型”。但长篇小说这东西，古今中外，无论哪一个都基本是“被卷入型”故事。尽管主人公是非常中立性的存在，不，正因为是中立性存在，才被故事的引力不断拉曳过去，在各种各样的地方体验各种各样离奇古怪的事。而且读者理解主人公（讲述者）基本是个正经人。我觉得这很重要。认为这家伙绝不是个怪物，而是相应具有正常想法的普通家伙。正因如此，读者也才会借他的视角认为自己可以跟踪“不无怪异的故事”或“波澜万丈的故事”。

长篇小说需要那么一种——怎么说呢——“接受姿态”。若不然，长篇小说就不成立。例如，弗兰茨·卡夫卡的小说，无论《城堡》、《审判》，还是《变形记》，主人公都遭受莫名其妙的磨难。可是读了，即使不能充分理解那一状况，也能切切实实感受到主人公的心情。此外，狄更斯的《雾都孤儿》也同样。雾都孤儿那个诚实的少年，尽管遭受种种磨难，但仍然顽强地活着——这点深深打动着我们，无不对故事产生共鸣。《白鲸》也好《了不起的盖茨比》也好也不例外。因为主人公是中性的，所以周围形形色色的出场人物也都活生生地活着。这种共鸣的营造，至少要有接受姿态那样的东西才行。

—— 信赖也是必不可少的，首先。

村上 还有，作者以第一人称写的时候，多数读者是比较倾向于把主人公和作为作者的我的姿势重合起来考虑的。

—— 呃，那是有的。所以，那又对您的信用关系给予很大影响……

村上 正因如此，我才想逐渐往第三人称过渡。不愿意总是使用第一人称，想从中离开一段时间。

—— 这样的理由也是有的吗?

村上 嗯。过于把我和角色一体化可不好办，像渥美清和阿寅那样，像肖恩 · 康纳利和詹姆斯 · 邦德[1] 那样。

—— 原来还有这种情况，好像第一次听得。

村上 也许。海外采访常被问到：“主人公和你重合在一起?”我回答，重合部分固然有，但大部分是不重合的。我的小说的主人公，尤其以第一人称出现的情况下，确是我曾有可能呈现的姿态，也就像是虚拟语气过去时。

—— 英语语法中最伤脑筋的那个（笑）。

村上 我们的人生，不是中途要分好多岔路的吗? 是往那边去还是朝这边来，我们必须在那里做出选择。实际上我是朝这边来的。假如我往那边去，现在就很可能成为这个样子——这种假说性存在的我是有的。那种假说性的我，很多时候有可能即是小说中的主人公。我有时这么解释来着。

—— 在这个意义上，倒是和您有关系的什么……

村上 有的部分有关系，当然。否则就写不出小说。对了，比方说，我嫉妒心比较淡。细想之下，我的小说的主人公也几乎没有嫉妒场面。那到底是自然形成的。

---

① 肖恩 · 康纳利和詹姆斯 · 邦德：前者为英国演员，1962 年因在第一部“007”电影《007 之诺博士》饰演电影主人公詹姆斯 · 邦德而广为人知。

—— 说起大作中的嫉妒场面，《舞！舞！舞！》里边，由美吉去游泳学校吧？由美吉，可记得？

村上 模模糊糊记得，那地方。

—— 由美吉去游泳学校，在那里由游泳学校的老师手把手教游泳——“我”想象着那样的场面嫉妒着，却又根本没嫉妒起来。（笑）

村上 有可能。

——“嫉妒一次试试”，便是以这样的感觉嫉妒来着。“我”本人也说自己很少嫉妒，于是嫉妒的对象渐渐变得模糊起来。弄到最后，像是成了嫉妒游泳学校本身。

村上 是的是的，好像想起来了，那个。嫉妒游泳学校。

—— 我心想居然有这种嫉妒，开心了好一阵子。（笑）就嫉妒来说，《奇鸟行状录》中牛河也说来着。倒是在关于憎恶的话语流程中出现的。

村上 是那样的？

—— 牛河大约说：“就是看见一个人把自己梦寐以求的东西、把至死也不知能不能弄到手的东西毫不费力地弄到手时涌起的感情。”言之有理啊！那是关于嫉妒的极有说服力的解释，表达了嫉妒的一个原理，我想。那种情况也没有的吗？没怎么有？

村上 没怎么有的吧！那方面，我和小说主人公“我”有一些相通的部分，尽管终究是局部的。

｜免色留下的谜

—— 这回免色嫉妒“我”了吧？

村上 是啊。就免色而言，“我把自己希求得到的东西全部搞到手了，但希求得到的，最终只有能搞到手的东西”[1]。当然，主人公听他这么说吃了一惊，因为他全然没想到自己会被人羡慕。

—— 果然。那么，也想借这个话头就出场人物谈几句。名字是特别重要的吧？

村上 名字重要。

——“刺杀骑士团长”这个书名浮出脑海，三个要素一个不缺，好，动笔！这时候既有技术，又有体力，“万事俱备！”这样的感觉一开始就有的吧？

村上 因为一直做这样的贮备，所以一旦动笔就能写到最后那一自信是有的。

—— 还有，就像有信得过的朋友从那里汇聚而来，出场人物的名字也都确定了，是吧？免色，“メンシキ”[2]，极好的名字。

村上 一瞬间冒出来的，那个。

—— 这个是从哪里来的呢？

村上 什么根据也没有。

—— ……

村上 得给人取个名字，山谷对面住的那个人叫什么名字好呢？普通名字不合适。田中啦安田什么的不好办。这么着，想着想着，免色倏地浮现出来。

—— 浮出的可是汉字组合？还是发音？

---

① 此处引文同原著颇有出入。原著（大陆中译本）为“……而我在自己的人生中只能希求一旦希求即能到手的东西”。

② “メンシキ”：用日文字母（片假名）标写的“免色”的日语发音，读作 menshiki。

村上 哪个来着？汉字在先？还是发音在先？这个记不确切了，反正一下子就成了免色。

—— 免色嘛，若是把隐喻诉诸语言，这个怕也够没意思的了，名字。而且，免色这个人，喏，直到最后也不太清楚是怎样一个人吧？在小说中起怎样的作用？性格也无可捉摸。

村上 那是啊，谜团人物。能让人信任到什么程度也不明不白。

—— 此外，如果这部小说中有善恶那样的东西的话，那么作为十分细腻十分微妙的渐变色（gradation），正好用“无面人”乳白色雾霭那样的感觉来表现免色这个人。总之这里出场的所有人物——怎么说呢——争夺固然没有争夺，但始终有一种像让什么移动那样的氛围，我觉得。也有好像大家都在“凭吊”的气氛。而且，对了，也可读成大家守护雨田具彦临终并参加把他从这一世界送往另一世界的“仪式”。看上去也像是针对新生的什么所做的准备。何况，不是有河水在流动吗？在跟随“长面人”进入的世界里。那条河，假如用汉字取个名字，除了“免色”怕是没有别的吧？

村上 免色河？那么说来，的确没有名字，那条河。

—— 名字叫涉，连同“免色”两个汉字，看上去字面总好像让什么不安。

村上 确实。

—— 呃，倒是纯属我个人感觉，这个，已经是那条河的名字了，免色。往下，白色小汽车男子不是出现了吗？

村上 白色斯巴鲁男子。

—— 那个人是主人公“我”心中的另一个自我（alter ego）。

村上 另一个自我，唔，我也觉得不妨这样看。

—— 也可以说在自己心中认识到恶的时候，恶就是那个样子。虽说如此，免色这个人物直到最后也把握不准。

村上 把握不准。不过琢磨修改这部小说的时候开始觉得故事以免色为中心动了起来，忽然间。

—— 难怪。

村上 其他人说是某种程度上正常也好什么也好，反正都是在世人眼里活法没什么怪异的人。例如秋川笙子。那个女孩叫什么来着？

—— 真理惠。姓什么来着？（笑）秋川真理惠。

村上 对。真理惠也好，还有雨田的儿子也好他父亲也好，其生活方式都算是可以理解的。只有免色看不大明白：他是怎样的人？想什么？活法是怎样的？

—— 就是说写的当中也不明白？

村上 不明白。毕竟他是怎么都能活下去的。一个完全莫名其妙的存在。就连我也莫名其妙。因此，印象中很多东西是以他为中心运行的。长大故事，无论如何都要有那种无法说明的存在。

—— 在阁楼里发现画的是"我"。那也是他的职业，职业艺术性那样的因素促使的结果。免色则通过让人画自己的肖像画、以某种仪式来打开这里那里的通道似的东西。画人的脸，使之完成或使之不完成，这也成为仪式的一个关键之点。

村上 是的，故事通过免色展开。在打开"我"的同时故事也打开了。没有他就不至于打开的东西也要打开。那个洞穴，说到底，是他找来专业人员搬走石头打开的。在某种意义上，怎么说好呢，即使算不上搅局精灵（trickster），也是推动情节的人，发动机。没有他，故事就转不起来。

—— 虽然那个可能转化成祸害的石室打开了，但"我"在进入的地底世界遇上河流的时候最后提供重要启示的也是免色，最后把“我”从洞中物理性救上来的还是免色。发挥这种作用的出场人物，以过去的作品举例来说，就是《奇鸟行状录》中的赤坂肉桂。

肉桂把主人公冈田亨从洞中救出来，是个极其精干的人物，这点同免色有相似的部分。但相对说来，肉桂是此侧之人，对吧？小时候受到了损毁。所以，感觉上是她和主人公齐心合力逃离洞穴的。但免色和“我”的所作所为算是什么，就不清楚了。

洞穴啦肖像画啦秋川啦真理惠啦，归根结底，故事中出场的一系列人物都是由他启动的。换个看法，一切都像是在免色的左右手中。即使在这个意义上，免色也怕是故事的核心。

村上　是啊。不过有意思的是，免色不得看见骑士团长什么样，没被赋予这样的资格。

——　嗯。被赋予的有两个人，“我”和秋川真理惠。能对骑士团长明显做出反应的也仅此两人。

村上　所以，尽管主人公领骑士团长来免色家参加宴会，免色也没看见，不让他看见。

——　那意味什么呢？

村上　那也许是至关重要的一个点，在小说中。要问为什么，我也不知道。

——　真不知道？（笑）

村上　真不知道。（笑）但是，明白。从故事角度明白他看不见骑士团长是怎么回事。至于为什么，原由我解释不了。

——　其实解释得了？

村上　解释不了。啊，想解释也许是解释得了的。但那不等于全部告知真相。只能告知百分之七十。既然顶多传达百分之七十，那么还是什么也不说为好。直接让小说去说好了。

我的理念和那个无关

—— 那么想就骑士团长和理念请教一下。骑士团长是自称理念出现在“我”面前的，是吧？以所谓柏拉图的理念说来，恶的理念是不存在的，理念绝对是善的东西。

村上 不晓得。

—— 嗬，果真？（笑）我嘛，为此读了——当然是走马观花——柏拉图的《会饮篇》和《理想国》，算是复习一下。

村上 厉害。像在说谎。

—— 喏，请看副标题好了！明明写着理念和隐喻……作为一般教养大体学过柏拉图主义，但还是重看一遍以便出现的时候能跟上。字小得不得了，相当吃力。于是得知理念是善的东西，统统。不存在恶的理念。此外就是洞穴比喻，柏拉图也是洞穴！

村上 啊，那个知道。应该是有名的比喻。具体内容倒不清楚。

—— 村上先生……跟您说，写稿当中，您打上理念这个词，这么用键盘敲“理念”。理念不是有名的概念吗？这么着，自然心想“顺便查一下理念，梳理一下理念好了”——没这么想过？

村上 完全没有。

—— 那可是真的？

村上 真的，真没那么想过。我只是把那个取名为“理念”，和真正的理念或者柏拉图的理念没有关系。只是借用理念这个词儿，只是喜欢这个词儿的音节。大体说来，骑士团长仅仅自称“我是理念”，如此而已。至于他是不是真正的理念，那种事谁也不晓得。

—— 始于柏拉图的所谓理念这一概念居然和“刺杀骑士团长”的理念毫不相干，这个谁都想象得到呢？既然说理念，那就是理念吧？人家刚刚复习一遍……

村上 哎呀，实在辛苦了！

—— 真心话？

村上 嗯，不是说谎。有条有理地好好解释一下理念就好了……

—— 可是，即使把柏拉图的理念放在脑袋里读这本书里的理念，那也是完全可能的。

村上 理所当然。

—— 呃。还和洞穴有关。

村上 那么我想起来了。自我和自己的事，我在《为了年轻读者的短篇小说导读》里写了，这刚才说了吧？那时根本没读过荣格，现在也差不多没读。结果，给河合先生看了那本书，先生说：“啊——，有趣有趣！”可细想之下，完全是两回事。荣格所考虑的“自我”和“自己”，同我所考虑的“自我”和“自己”，仅仅是用词一致，纯属巧合。

—— 您的自由奔放，现在可是让我感到震颤。

村上 所以，我以理念这个音韵考虑的概念和柏拉图说的理念是相当不同的。表达骑士团长到底是什么的时候，除了“理念”一时想不出别的词儿。灵啦魂灵啦 Spirit[①] 啦，这个那个倒是很多，但哪个都不正

① Spirit，英语。意思是精神，心灵，魂灵，灵魂。

相合适。不知为什么，单单“理念”（idea）一拍即合。此外，“长面人”那时候也想了好多。叫什么名字好呢？终归“隐喻”（metaphor）这个说法恰如其分。别的都不合适。意象也好音韵也好，哪一个都不够到位。因此，你问精确定义什么的，我也极伤脑筋。（笑）

—— 莫如说是“没什么定义”。

村上 正是。不过嘛，字的意象、音的回响，对小说是非常紧要的。有时候高于一切，一如人名。

——《刺杀骑士团长》，未尝不可以理解为理念和隐喻的集体无意识的争夺战。这种场合即使把理念这个定义临时代入也是蛮有意味的。柏拉图的理念嘛，简单说来，这个世界现今存在的东西都是幻象，所在东西都另有理念这个真象。

村上 哦——，这可不知道啊！

—— 真的吗？让人不安啊！（笑）

村上 概无所知。柏拉图什么的，基本不读。

—— 如果让我在不安的同时继续下去，那么我们的现实世界，例如那里有咖啡杯或村上您的书，还有种种概念。但全都大同小异。善的天上世界有它们的理念那个东西，那才是真实的。天上有光源。我们看到的，不过是理念投射在洞穴的影子罢了。这就是洞穴比喻。

村上 好怪诞的想法！

—— 这是柏拉图极为粗线条的理念论。是的，我们现在见到的只不过是映在洞穴上的影子。但实际上我们过去身在善的世界，知道物和概念的真象，知道理念。

村上 原来是这样。

—— 可是，我们因为脏秽而掉在这个影子世界。不料，我们得以把某物作为某物来认识，看见美的东西时知道那是美的——啊，这也是因为有语言——是因为我们想起了在天上接触过的理念。之所以能够直接意识到爱与美，也是因为早已知道它。回忆说（anamnēsis）。

村上 是吗！一切都不外乎实物的幻影。那么说来，马文·盖伊（Marvin Gaye）的老歌“Ain’t Nothing Like the Red Thing”（实物无敌）里有这么一句……

—— 读了这个的人，想必笑道：“川上[①]也把村上不知道这句话当真了，呵呵”……反正，这就是所谓柏拉图理念论。这样，一般想来，难免认为“恶”也有理念。往这里植入杀人啦血啦战争等字眼，结果说战争也有理念，血也有理念，没有就奇怪了。而柏拉图则针锋相对，断言没那种玩艺儿。“理念”这东西，即使退一百步，也绝不会采用“恶的理念”这一说法，而只能说“没有善的状态”，说真实就是善。因此，坏东西是不存在的。道理倒是不大清楚（笑）。不过，把这种理念式的东西代入之后读《刺杀骑士团长》，就让人陷入沉思：杀害善是怎么一回事呢？为什么本来雨田具彦作为应杀对象所画的“骑士团长”自称理念呢？等等。可您完全没有意识到这些……

村上 丝毫没有意识到啊！不过么，关于意识我还是经常思考的。人的意识这东西的出现，在人的历史中也是晚得多的事。在那之前几乎只有无意识。因此，人们在那种无意识主导的世界里不是作为个体，莫如说是作为整体进行判断的。但是，伴随着城市的诞生和更为发达的组织、体制的出现，通过“无意识”做的事逐渐升格到“意识”层

---

① 此处指采访者川上未映子。

面。说升格也好什么也好，反正变得富有逻辑性了。否则，体制就无法行之有效。

与此同时——我以为——人们以往在无意识中大体全部处理的事情就不得不在意识层面处理了。语言体系也随之完备起来。在无意识世界中人们依据什么活着呢？依据预言。古代社会有巫女，或有行使巫师职责的王。那种人在无意识社会中进一步打磨无意识，像避雷针接受雷电一样接受各种信息传达给大家。一般人不需要什么自己的意识，那玩艺儿有也用不上，只要依照预言在无意识世界中生存即可。毕竟那样轻松。不能继续接受信息的王被杀掉之后，新的王被迎请进来。但是，随着社会的“意识”化，那样的巫女性质存在渐渐失去了威力。空气变了，不能顺利接受雷了。所谓，理念（idea），我想大概与此相近。虽说真正纯粹的东西只存在于无意识中，但因为我们无法顺利目睹，所以作为替代，我们只能看其投影。听了你刚才讲的柏拉图，我想起这些。

—— 果然。

村上 我猜想他很可能是从古代无意识世界中来的，从意识化以前的世界。在那方面，和刚才说的柏拉图有相通之处。

精神主义者同小说家的差异

—— 您写小说，尤其长篇小说，等于下到今天也提到几次的“地下二层”。换个说法，可以说是一种什么行为呢？

村上 用刚才的话说，我想就是接受雷电。

—— 接受雷电。在某种意义上，像是巫女？

村上 巫女性质的。或可说是 medium（灵媒）。大概属于容易比其他人接受电的体质，这个那个或多或少接受下来后，将其信息传达给大家，在某种意义上。类似一种避雷针吧！

—— 唔，在某种意义上。

村上 所以，就算问我作为作家有没有才华，对那东西我也是不清楚的。再说对于我怎么都无所谓。相比之下，有没有接受那种信息的能力或资格要关键得多。那和艺术才华多少有所不同吧？

—— 讲述能力越强，越能把各种各样的人吸引进去。接受雷电的机会也增多了……

村上 所以，有时候可能连离奇古怪的东西都要接受。而且，为了持续当避雷针，还要有相应的体力。

—— 需要接地线。而且要有把接受的东西作为“善的故事”递到读者手上的文体，以及“不至于对不住你的”的善心。

村上 开始觉得自己有接受那种东西的能力，该是什么时候呢？不大清楚。估计……是写《世界尽头与冷酷仙境》那时候吧！当时是把“世界尽头”的故事和“冷酷仙境”的故事分成两条线，一章一章依序写的。不知为什么，确信最后会合二为一。所以能有这种确信，想必是因为具有“接受什么的能力”。那时也没有制订计划，一路写下去，最后一下子合为一体。心情好极了！

—— 居然做那般恐怖的事。（笑）

村上 当时第一次感到自己的写法怕是多少与众不同，心里还琢磨这是为什么呢！

—— 举个例子。我的熟人里边，有的本人就是精神主义者，还有的非常盲目地相信具有精神主义倾向的人。他们创作自己的故事。例如说这一现象和那一结果之间有意义，你现在遭遇的困难之中，有你的前世、前前世的因果——他们出示这类故事，想要共而有之。他们以心怀不安的人为对象，以此赚钱的情况也是有的。这也同是一种故事的形式吧？

村上　是啊，倒也是一种故事。

——　但我还是不能觉得那是“善的东西”。虽说那是我的个人看法，可我认为我们写小说这件事，如果拉开一些距离看，并没有多大差异。

村上　最大的问题是，那是不是自发性的。

——　自发性的？

村上　比方有人占卜。说那些人原本具有某种特殊能力，那应该是不会错的。但在以此为职业而必须对来访者做出回答的时候，假如信息全然不从天而降，那就做不成买卖。若说这里有什么问题，就是那不再是自发性的。毕竟不可能总有雷电正好落下。这样一来，难免多少故弄玄虚。如此一来二去，相应的“营业”技巧就形成了。可是作为小说家，只要不设截稿期限，就能自发性地写或不写小说。是吧？可以自行控制“受雷”。我想这点可能是职业占卜师、巫师和小说家之间的根本差异。

——　言之有理。在某种意义上势必说谎，而不再是带所谓真正灵性的东西了。

村上　本人怕也稀里糊涂吧？那方面的区别很微妙。

——　一旦混淆起来，可能就危险了。

村上　危险得很。意识和无意识的界线渐渐看不清楚了。即使小说家，有人也可能出现同样情况。

—— 有可能。

村上 所以我常说，作家必须是自发性的！年轻时候，在截稿期限追赶之下，脑袋里空空如也，奇思妙想荡然无存。但也还是要对着桌子猛写。写着写着，有什么赶来的情形也是有的，一蹦一跳的。如此好歹应付过去。

—— 是那样的啊！

村上 必是那样的，年轻时候。可迟早总有一天，就算期限到了也什么都不肯赶来。雷偏偏不落。但因期限所逼，势必想方设法胡编乱造。这是万分危险的，是不诚实的。长此以往，最后一塌糊涂——这样的作家可是没少见过。年轻时候大家都说："小说那玩艺儿，截稿期限到了以后再写也可以的嘛！"但总有一天不灵。

—— 用刚才的话说，占卜师也好精神主义者也好，基本上都是在起避雷针式的作用，都带有某种灵性。就所有艺术家也不妨这样说。想侵吞顾客钱财或居心不良的人另当别论，占卜师和艺术家则基本上不以营利为目的，而处于运用"接受能力"来催生什么的循环之中。在原理上，小说家也具有同样的东西。我们虽然使用语言，但小说家也要有某种类似灵性的东西、精神性的东西。是的。

村上 那么一说，可就太不含蓄了（笑）。可是，没有那种能力的人写不了小说怕也是事实。或多或少，某种程度上。当然，就算接受雷电的频度低，也是可以用别的能力弥补的，做法多种多样。不过完全没有那种能力的人，写小说怕是吃力的吧！哪怕文章写得再好，小说也是写不成的。即使写得成，也找不到读者。所以我常说，脑袋太好使的人是写不成小说的。

—— 成了公文，您说。

村上　对了对了。脑袋过于好使的人写的小说，往往隐约透出框架。老实说，读起来没多大意思。说理厉害，成了单向通行的公文。批评家倒是夸奖几句，可读者不买账。可另一方面，人太傻也写不出来。

——　太傻了写不出，太聪明了也写不出。

村上　难的是保持平衡，说实话。这点，我或许占了便宜。（笑）

丨但愿是积极的结尾

——　作为一种看法，您说过《刺杀骑士团长》终究是以免色为核心的故事……

村上　本来根本没有那么说的打算。住在山谷对面的仅仅是与众不同的有钱人，随着故事的进展，开始渐渐带有某种莫名其妙的力量。正因如此，真理惠也才会被免色的豪宅所吸引。当然，死去的母亲是免色的旧日情人、免色或许是她真正的父亲这一可能性也周边性漂浮在哪里——即使这点不算，她也还是要为免色这个人物一步步吸附过去。

这本小说写了很长时间，改了一次又一次。这当中渐渐有了一种质感：我能够以我的方法写出让自己满意的出场人物了。过去写的人物，有的多少有人为痕迹。相比之下，这回觉得开始一点点有了鲜活的血肉。

——　觉得过去写的东西是那样的？带有人为痕迹？

村上　现在回头看去，有的人物多少能看到底。既有还不具备彻底写到那个境地的能力的原因，又有其他方面的，比如那个出场人物的立体性或者血肉充实方式，由于一个小小的动作、短短的话语、不起眼的描写……

—— 是印象构筑之类的吧？形象塑造。

村上 对。那东西到底是要在再三再四修改当中逐渐确定的。为此还要有作为作家的经验。要久经沙场才行。若不然，有的东西就精巧不了。

—— 这本小说中有趣的，是出场人物们在一个个主要场面再现“刺杀骑士团长”那幅画的情景，在阁楼里发现画的场面，是“刺杀骑士团长”画中“长面人”从洞穴探出脸来的构图；疗养设施里雨田具彦的房间也同样得到再现。套匣形状。而且，故事本身，说是雨田具彦生涯的再生也好类似某种意愿的东西也好，感觉上所有出场人物都在把他不曾诉诸语言的体验之类加以“再生”。我想这就是您说的“是什么不知道，反正有什么在读者身上生效”。在我身上也生效了。我读出来了：雨田具彦的死、一个人的死，必须有这么多形形色色的人被呼唤出来。我嘛，喜欢儿子雨田政彦。

村上 嗯，一个好人！这个人出来了，我也稍微舒了口气。也有仿佛夏目漱石小说中作为配角出现的感觉。那样的人是相当重要的。

—— 政彦君是表现不错啊！尽管难过的事也有很多。还有，“我”能在深层次上予以理解也让我深受感动。最后他说“一个人死去乃是一场大规模作业”[①] 的场面给人以很深印象。人什么时候都要死掉不少，可是谁也不曾体验过那是何等了不得的事、其内部发生了什么。因为死了的人不会讲出来。这意味着，一个一个的死，即使呼唤出这许许

① 同原著有差异。原著为“人がひとり死ぬ、てのはかなり大仕事だからな”（一个人死去是件大事 / 一个人的死是非同一般的大事）。

多多也无足为奇。只是看不见、不知道罢了，其实一个人的死说不定要有这许多事发生。而当我想到自己也可能受到呼唤的时候，这个故事就开始在我心中有了现实意味。我想我是在这个意义上读《刺杀骑士团长》这本小说的。

这样，具彦临终现出微笑，是吧？至于维也纳到底发生了什么，那当然没有得到澄清，恐怕也不是能够用语言表达的。但临终他看清了什么。当他看清骑士团长被杀、看清本应如此的下场的时候，微笑浮现出来。一种救赎，那里写道。《奇鸟行状录》最后也是这样。您说写的时候本来是打算让主人公冈田亨溺死的，然而最后的最后转念想道："必须救他一命！"这点也非常理解。不过，故事这东西，为什么最后总是寻求救助呢？那是为什么呢？村上先生！

村上 是啊，写《奇鸟行状录》的时候，之前我读了杰克·伦敦《荒野的呼唤》那本长篇小说，最后主人公淹死了。

—— 您是那么说了。

村上 心想我也要写那种意象！那么，最后主人公怕是要死（作为我是少见的事），动笔时候就大致设定了。可是到了最后瞬间，还是心想"不能杀掉"，所以没杀。现在我也认为那是正确判断。

—— 那可是为了让故事带有向善因素所必需的？

村上 当时我想，长篇小说这东西，最终还是要留下积极因素才行。即使是以悲剧告终，下一阶段也必须有什么紧紧相连。《奇鸟行状录》那时候，觉得如果主人公死在那里，就不会再是积极故事。所以让他活了下来。

—— 为什么认为非留下积极因素不可呢？

村上 长篇小说，写就不用说了，读也是大大的苦差事，是吧？对于做完那个苦差事的人，无论如何都需要像是某种报酬的东西。

—— 是的。

村上 嗯，某种程度上没那样的东西是不行的。假设《奇鸟行状录》的主人公在那里死了，结果上，周围的人势必受到伤害。那不是积极结尾，在道德意义上，说起来。

—— 在您心目中，那已经成为一个指针？希望？

村上 这个么……也不是非弄成幸福结局（happy ending）不可。或者莫如说，我的小说很少有所谓幸福结局。就连《寻羊冒险记》最后结尾也总有些凄苦；甚至《世界尽头与冷酷仙境》，主人公最后也留在了那个世界，告别影子，一个人。绝非幸福结局。尽管如此，还是有必须在这个世界上活下去那种类似信赖感的东西在读者心中产生，要给活下来或活下来的人以希望。这对故事很重要，至少就具有一定长度的虚构作品来说。

例如约瑟夫·康拉德（Joseph Conrad）的《吉姆爷》（Lord Jim）里边，吉姆最后死了。那当然是悲剧性结尾，可是吉姆的死，反倒比吉姆的生更能给读者以救赎感。这很关键。

《刺杀骑士团长》的最后，真理惠对免色慢慢没了戒心，有可能住在一处。这样的感觉，最初读的人里面——虽说眼下是少数——也有意见认为那不大像是真理惠。但我觉得有那样的可能性也未尝不可。

—— 呃，我也认为好得很。她说“因是过去的事，不大记得了”什么的了吧？其实不过是几年前的事。太好了！这是因为，那里流淌的她自身的时间毕竟感觉上太鲜明了。三十几岁四十几岁的大人和十几岁的她相比，时间流淌方式截然不同。

村上　十几岁的女孩子，说变就变。

——　那种不由分说的感触，在台词中表现得淋漓尽致。

村上　所以我觉得，那么做、那种说变就变的表现，大约像是某种救赎的可能性。

——　就是说让形式不断变化？

村上　免色往下何去何从等等，那是不确定的。就连作者我也不晓得。只能付诸想象。但对于主人公，那是已经过往世界中发生的事，没有进入“我”的故事之中。免色和笙子姑母及真理惠将会怎样，转而成为另一个故事。

——　最后，“骑士团长真有的哟！你相信为好。”——小说就此结尾。那就是说，一直怀有很难让人相信的体验的“我”和真理惠仍在那时确确实实看见了、我们看见了骑士团长这一存在。这点确切无疑。“我”把骑士团长视为某种“善的东西”的征兆，是吧？那在结果上提供了帮助。并且像相信自己一样相信骑士团长。作为结果，诞生了“室”那个女孩儿。

村上　是的，是流向那里。

——　在超越生物学因果层面，那对于自己是至关重要的人。最后显示了不无勉强的坚定意志：可以作为从中跨越的东西相信其存在。虽然这同样有别于幸福结局，但具有能让我们相信的巨大力量……不妨这样说吧？……问这个倒也够奇怪的（笑）。不过，最后是作为这样的东西描写的吧？

村上　嗯。对这本小说的结束方式，作为自己还是比较中意的。可是读者里面，好像也有人觉得：“哦，这就完了？”

——　具体说来，怕是说：“还有下文的吧？”

村上 “这样子就一下子结束了？”这么一种感觉。“后来如何呢？”（笑）这地方，收尾方式是很难的啊！我的小说，大多是这么结束的。不过在我看来，写长篇小说当中，“要在这里结束”那样的明确感觉总是有的，所以没有困惑。

—— 这个故事，说的也是一度打开而又重新闭合的故事吧？不看也可以的世界因某种契机被打开了，却又不能就那么听之任之，灾祸啦什么的接连不断，于是“我”在骑士团长帮助下和真理惠把圆环重新闭合。不过这本小说在您的作品中罕见的是，最初是从我回顾过去的地方开始的：“婚姻生活要重新开始”。是吧？

村上 不错。

—— 那个嘛，从失去妻子的地方开始，最后怎么样了呢？结局无由得知——这个方法我想也是有的。读者想必也可领略精神净化。“事情全部结束了，其实嘛……”以这样的感觉讲故事，这也是水到渠成的？

村上 是的。那是一开始就该交待的。结论放在最后。像是这样一种开场白：这和剧透不同，而是这么一个故事，请看下去好了！作者的宣言。或是对读者的挑战。其中自有张力产生。这从一开始就定下的。

—— 那么，“无面人”出现的序章，是在写的过程中回溯而让他在那里出场的吧？

村上 正是。最初并没有引言本身，但后来觉得需要有那样的东西或什么东西，于是回头增补的。这是因为，我最初写的“那年五月至第二年的年初……”这段话，作为故事的开头好像多少有些过于沉静，最好在前面放上引言，这样想必就有紧张感产生了。毕竟故事的开头很重要。上下卷决定共写三十二章，但加上引言也无所谓的嘛！

—— 一次读到最后，再次回到引言上来，就有一种还没完的不稳定感。这既是“我”不能停止画画的表现，看上去又像一度打开的东西很难简单闭合的意志——现在像是闭合了，但任何时候都会重新打开。

村上 通过地下世界的入口，迟早再次打开也不一定。

—— 不能闭合。于是有一种预感：归终只能采取对症疗法，只能届时酌情处理。企鹅护身符直到最后也没能让对方还回来。是吧？

村上 如果能给“无面人”画肖像，企鹅护身符是会还回来的，难可能难一些。不过，那说不定成为他的人生一大课题。而且，那个课题改变他也未可知。故事继续发展。那里有“后史”（post-history）。写不写倒是另一回事。

另外，关于这本小说要说的是，过去我一次也没写过油画，不知道画油画作业的细节。大体全是凭想象写的。这样，写完就请专家看了，接受专家的建议，把不合适的地方细细改了一遍。错误倒也不是很多。

—— 具体顺序什么的？

村上 嗯。还有画具用法啦等具体琐碎部分，没实际画过的人是不知道的。说实话，要是实际学学油画画点什么就好了。可实在没工夫做到那个地步……不过大致说来，小说家只要把写小说直接置换成画家画画，那么往下只靠想象力就能写下去了。

—— 原理相同。

村上 大同小异。所做的，只是技术意义上的不同。而在创作的时候，看什么、往哪里聚焦、如何树立形象、如何拓展，以及顺序啦、技法啦、创作意识啦，这些东西，同小说家写小说这一行为本质上没多大区别。因此，主人公面对画布画画这一作业的描写，没有事先预想的那么吃力。

—— 免色最初让“我”画画的时候，画肖像画和作为模特被画，意味着交换各自的一部分——从这里开始，有了他们两人交相混淆的感觉，互相被不稳定性吸引的状态开始了。莫非这也能置换为看书、写书之事不成？

村上 唔。就这样的“交换”而言，免色和“我”的关系，未尝不可窥见同性恋因素。免色有没有那样的性取向，我不得而知。但潜在荡漾着相关“需求”这点，我多少有所感觉。与其说这是作者的，莫如说终归是个人意见。（笑）

—— 和政彦的交谈不一样的？

村上 总好像有冶艳意味。免色对主人公无疑在寻求什么，寻求自己大概没有的什么。尤其是让主人公把他一个人扔在洞底那个地方，难免让人觉出那样的需求。

｜您本身因写作而有了变化吗？

—— 那么，今天问最后一个问题，问完就结束。您的小说里面，有的东西作为主题反复出现。例如井那样的东西。您说已然出现了，奈何不得。除此以外，看小说整体结构的时候，时常描写“把失去的东西在另一世界中找回来”这样的动向、运动似的东西。从最初的作品开始一直这样。虽说每部作品在细节啦主题啦人物之间的关系上面都有所不同，但这个每次都要写到。三十八年持续下来，没觉得有什么变化吗？

村上 或者莫如说，意识到这个的意识本身都没有。

—— 哦……？那就是说，就连自己在做“找回失去的东西”这样的事也压根儿就没意识到？

村上 没有，完全没有。

—— 这、这个……可大家不都指出来了吗？采访也好什么也好。

村上 唔——，怎么说好呢？过去，《寻羊冒险记》啦《世界尽头》那时候，那种意识也许多少是有的，但现在反正没有。

不过给你那么一说……（沉默有顷）那也许是的。这本小说，未尝不是想方设法挽回和妹妹小径的关系的故事。“我”和妹妹曾经保持完美的关系，几乎以无意识状态、无垢状态。而这因她的死而失去了。于是他开始寻找其中理应有机结合在一起的——尽管不能说等价的——东西。原来如此，刚才听你那么说我才觉察到……

—— 哦，这才觉察到……

村上 他想在自己和太太柚的关系中找出那个来，但终究不顺利，太太和别的男人成了恋人关系。于是“我”一个人闷在山里边。但很难找到足以与之匹敌的东西。

—— 最后进入地下世界，再次直视小径的失去，从而勉强钻出狭窄的洞穴来到石室里面。从石室中被拉上来的时候，类似对于柚的过滤网的东西他身上失去了一个，是吧？如此这般，也是个在真正意义上得以再次同柚完全相遇的故事……

村上 其中产生了“室”这一新的可能性。的确，经你这么一说，有可能是那样的。不过，在你问之前想都没想到这个。（笑）

—— 我到底该如何是好呢？（笑）作为故事，有只能如此的必然的线。正因为这样，主人公才追赶“长面人”进入地下世界，几经迂回，终于碰上失去小径的洞。无论怎么想，这条线不都是看得见的吗？

村上　啊，那种情况真的想都没想过。心思用到故事流程本身那边去了。况且跟踪那个流程是个要命的重体力活儿，此外的事基本没办法考虑，这是实话。考虑了，不至于写。

——　唔，原来是这样。不去看意义。在这个意义上，脚一停，就是终点了。

村上　一旦写完开始修改，脑袋里装的全是如何把种种事件搓合成有整体性的东西，没工夫一一考虑故事结构什么的。

——　村上先生，这么一本一本写下去，每次都要下到地下二层的吧？三十八年过去了，在意象方面可觉得地下室增多几个了？还是觉得地下室扩大了呢？地下二层的空间。

村上　呃，较之扩大了或加深了，那里有的更是恒定不变的世界。也许是不具有广度、深度和间隔的世界。虽然世界本身不变，但还是会在那里看到、捕捉到更多的东西——有这样的感觉。

——　那么，尽管场所不变，但能清楚看见那里的东西。就是说已经变得能清楚看见了？

村上　嗯，是那样的。那里的东西，虽然有时因为时间而改变形态，但根本上是同一东西。例如《世界尽头与冷酷仙境》里面的地铁站内"夜鬼"存在的地方，以及《寻羊冒险记》中北海道山庄羊男出现的地方。虽说形态千变万化，但其世界本体的构成和质感并无变化。那样的世界不断接纳主人公，或把主人公引诱进去。《奇鸟行状录》里面，主人公从井里穿墙进入那个世界。就是说，那地方也许是能够自己主动进入的。

——　您发挥着避雷针作用。在某种意义上是接受灵异等种种信息而写故事的。您本身会因此有所改变吗？因为写。

村上 估计不会。（笑）

—— 不会？比如得以更深入地了解自己啦……

村上 我想没那回事。

—— 没有？您常说“为了解自己而写小说”，那终究不过比喻不成？写作也是下到地下深处的行为，通过写作而使得自己自身……以极为浅近的例子说，写什么的时候，鲜明强烈的体验不会成为基础？举个例子，比如就母亲——父亲也无妨——和自己的关系写小说什么的，在作家本人眼里，那不会是克服那些关系的行为吗？

村上 真的是？

—— 打个比方嘛！那么吃惊？刚才。

村上 魂飞魄散。（笑）

—— 啊，就是那里了。那一差异是有的。

村上 那种事，从未考虑过。

—— 您的成名作——当然那不等同于您的感觉——不是也谈到类似一种“疗愈”吗？写作和疗愈作为。

村上 那怕是的，疗愈。

—— 所以，如果对疗愈加以扩大解释，例如把精神创伤什么的写进小说，就能将其相对化。那一来，问题就会在自己身上再次变化。即使不能说成为另一个自己，但写作方面也还是会有某种变化，不妨说。我想，写这一行为或多或少是含有那种疗愈性行为的。您不怎么有的？

村上 假如那里有疗愈性质的东西的话，那是不是这样的：就是说，刚才不是说作为假说的“我”可能是我的小说的主人公吗？那不是真正的我，而是可能如此的作为假设形象的“我”。人做出各种各样的选择，从而成为现在的自己。而若在某个时刻做出其他选择，那么就可能成不了现在的自己，是吧？那种成为“另一个自己”的机会，现实生活中是没有的。可是在小说中，如果想成为那样的人，就可以成为，成为不是现在的自己的某个人、成为替代性自己。那恐怕就相当于一种疗愈行为，我想。

—— 在那种情况下，将会疗愈什么呢？

村上 那是一种调整，对由于所选道路而在自己身上带来的变化、类似扭曲的东西加以调整，通过进入选择另一条道路的我的体内。也就是把同化和异化加以交换，或者说？

—— 那里边，比如后悔那样的东西是要介入的吧？

村上 后悔没有多少吧！单纯的物理性变更。出现了一点点扭曲，那东西可以矫正过来，通过体验另一种可能性。那对于作为小说家的我是相当宝贵的。我所说的疗愈，大概就是这么一回事。近来，疗愈啦治疗啦这样的说法几乎不用了。但不管怎样，不可能改写成精神创伤就一了百了的，根本不可能。我不大愿意做那种事，老实说。

—— 那可是自我，也就是地下一层的故事？

村上 是的。若是那么做，故事马上索然无味。读者对那东西是很敏感的。啊这个，怕是为了把自身的实际体验相对化而写的吧？那一来，故事就变浅薄了，我不大喜欢那么做。“为了解自己而写小说”，这话我说来着？也许说了，不记得了。或者莫如说不怎么想了解自己，近来我觉得自己开始这么想了。时至如今，了解了又能怎么样呢？真的。

（二〇一七年一月十一日于新潮社俱乐部）

第三章

失眠之夜和胖邮差同样罕见

《刺杀骑士团长》也是关于绘画的作品，和画有关的场所也很不错啊！于是，采访地点变为画家三岸好太郎的画室。天寒地冻的一天，身边围着三个火炉。靠近天井，墙很高。墙上有一扇洞口般的门，看样子人不可能从那里下来。“有长面人之感啊！”谈话随即升温。一切恍若来自童话世界：带有暖炉的餐桌、沙发、椅子和画室——我一边从中穿梭一边采访，包括摄影。后院有修剪整齐的英国玫瑰花园，一朵小小的白玫瑰好像想起什么似的开着。

只要语句不断改变，就无需害怕

——《刺杀骑士团长》是从无意中写下的句子开始的。您说这回第一人称的“我”身上，可能有当时一直翻译的钱德勒的影响。我就想，啊，看得出，有那样的气氛。不过，最先让我想起来的还是《了不起的盖茨比》。

今天先从“盖茨比”开始请教。地形和房子的描写、免色的形象塑造、和“我”的距离、关联性……让人想起尼克·卡拉维和杰·盖茨比的关系。这个当然意识到了？

村上 当然，一开始就有此意识。

—— 这方面请您谈谈可好？

村上 自不用说，隔着山谷往对面眺望，差不多照搬《了不起的盖茨比》的布景。此外，免色的造型也在一定程度上有盖茨比的气质。谜一样的富有邻居盖茨比每天夜晚都隔着海湾眺望对岸的绿色光点。这是尽人皆知的有名场景。而免色也同样每晚都眺望山谷对面的房子灯光，一个人，孤独地。这不妨说是旧瓶装新酒，或者类似对于菲茨杰拉德的个人守护。所以，“我”这个第一人称讲述者，在某种程度上也许就处于《了不起的盖茨比》的讲述者尼克·卡拉维那样的位置。这点当然意识到了。

—— 这从一开始就有了图像？

村上 实际动笔设定住在山谷对面的人物的时候，我想：“噢，这不就是盖茨比嘛！”虽说不是一开始就有那样的念头……

—— 后来认定：“噢，这不就是盖茨比嘛！”

村上 嗯。有那样的布局，有山谷，有山谷对面的大房子。这样的情形出现后，随即心里一惊：“噢——，是吗，这可就是盖茨比啊！”

—— 写以往的小说的时候，也是因为您本身的文化抽屉里有种种样样的要素，所以有意料不到的东西出来，而这回选中的是《了不起的盖茨比》。对您来说是非常特别的小说。

村上 我翻译《了不起的盖茨比》是快到六十岁那年。钱德勒《漫长的告别》也差不多是那一时期。是在那以后？

—— 钱德勒是那以后。

村上 以后。实际亲手把《了不起的盖茨比》一个词一个词认认真真译成日语，同单单读一遍相比，简直天壤之别。在自己心间的积留方式不同。小说的细部如淤水一样在心间积留下去。而且，那样的沉淀细致入微地鼓舞着我，自然而然地刺激着我，把我推向前去。因此，翻译《了不起的盖茨比》和《漫长的告别》，意义可能比自己预想的大，我觉得。

—— 以那一形式同自己心中的特殊作品再次相遇，作为作家是很开心的啊！

村上 嗯。《了不起的盖茨比》这部小说好像已经成了自身骨格的一部分。所以，能以自己的方式把那样的东西脱胎换骨来使用，实在让人兴奋得不行。反过来说，就是“转用”——能够让人把那样的框架和装置挪用、移植过来，恐怕也是作为文学名作的一个重要条件。正因为有此可能，才可以称为经典。

—— 这个周末重新读了《了不起的盖茨比》，其中有这样两句：“迟早有个中午，你会把黛西请到自己家来，那时自己也不好露面吧？”这样的细节也让我产生了强烈的共鸣。

村上 那怕是的啊！那种地方的对应，当然自己也刻意为之来着。写的当中时而会心一笑。便是那样的感觉。（笑）

—— 真不错啊！即使过去的作品，也是那么有意识地把自己的特别作品以知者自知的感觉写的吧？

村上 过去有几部作品是那么做的。说做游戏也好致敬也好。在我看来，人生中真正值得信赖的或深有感触的作品，某种程度上数量是有限的。多数人一遍又一遍反复阅读，一再反刍。无论写小说的人还是不写小说的人，都觉得对自己真正有重要意义的小说，一生当中不外乎五六本。再多也就十来本吧！而归根结底，那类少数作品成了我们精神筋骨（backbone）。对于小说家来说，再三再四反复揣摩、重构、诠释它的结构，从而有意无意地融入自己的小说之中。说到底，那不就是我们小说家做的事情吗？

博尔赫斯这个人，一次写了诗在朋友面前朗读，有人指出：“喂喂，你写的和五年前一模一样嘛！”可是博尔赫斯本人完全忘了曾经写过那回事。对此，博尔赫斯这样说道：“诗人想写的东西，一生当中只有五六种。我们仅仅是以不同的形式重复罢了！”

那么说来，或许果真是那样。说到底，我们有可能至死都在重复五六个模式。只是，在每隔几年重复一次的过程中，其形式和品质都有日新月异的变化。广度和深度也有所不同。

—— 那时作家害怕的，大概是自我模仿的可能性，是吧？觉得是不是倒退了？是不是同一情形的周而复始？而您尽管重复五六个模式而又能感觉到自己的进步，那是在什么地方感觉到的呢？

村上 笔调。

—— 笔调？

村上 是的，笔调。对我来说，笔调就是一切。故事的设计啦出场人物和结构啦，小说当然要有种种要素，但最后、最后的最后要归结为笔调。笔调变了，变新了，或者进化了，即便一再重复同一件事，那也会成为新的故事。只要笔调不断变化，作家就无所畏惧。

—— 只要笔调不断变化，就无所畏惧。

村上 不错，无所畏惧。而若笔调停滞不前，那么同一件事势必原地兜圈子。而只要笔调文章更新，只要以血肉之躯不断运行，就一切都不同。

—— 您说笔调中最关键的是节奏，那也意味着彻底追求节奏，对吧？

村上 对的。韵律、节奏，如果没有这些东西在自己笔下和以前不同的自信，那还是可怕的吧？笔调不同，就算同样的故事，发展的方向性也会变得不同。作家只能那么向前推进。

—— 您写《斯普特尼克恋人》的时候，接受《广告批评》采访当中曾说这部作品用了很多比喻。还说有意对以往自己中意的文体来个总决算，“这种文体的小说至此偃旗息鼓”。

村上 唔。那时有一种心情，想让写作文体彻底焕然一新。

—— 于是在那里把过去的所谓村上式文体全部耗光用尽，用到极限。那么就是说《斯普特尼克恋人》之前都是文笔打磨的过渡期了？

村上 是的是的。总之就是要把我的文笔，或者在那以前被视为“村上春树式文笔”的文笔，也就是大量使用比喻的笔调轻快那样的东西，彻头彻尾用到最大限度，用得心想“这回可以了”，然后引出不同文体。接下去写的是《海边的卡夫卡》。《海边的卡夫卡》那部小说，用以前的文笔是写不尽兴的，而必须拽出新的文体才行。如此尝试使用不同文体时间里，星野君啦中田老人啦，以前没写过的性格人物自然而然地出场了。问题是，到达那一步之前，非做某种总决算那样的事不可。

|《挪威的森林》和虚幻脚本

—— 成名后写第二部作品的时候，您说自己还不大明白小说是怎样的东西，把握自己的文体需要时间。从那里到《斯普特尼克恋人》，花了很长时间才完成刚才您所说的“我的文体”。而在一度来个总决算奔赴下一文体之时，作家具体能做的事会是怎样的事呢？

村上 当然，对文体来个总决算进而创造新的东西不是轻而易举的事。毕竟不能马上使用从未用过的肌肉。只是作为心情把文体转往新的方向性。新的文体催生新的故事，新的故事加强新的文体。这样的循环再让人开心不过。

—— 换个写手，认识自己的文体和获取配入新主题曲那样的文体，总的说来还是很困难的吧？包括认准那是不是好的文体在内。即使您写的文章，一边说明道理一边把读者带去下一局面并与之共享，我想也远非易事……

村上 写文章我是喜欢的，说到底。总是考虑如何写文章，也总是写个不停，总是一点点尝试写这个写那个。单单有文章这个工具在自己手上就足以让我欢天喜地，想尝试这个工具的种种可能性。毕竟是好不容易搞到手的东西。

—— 脚步绝对停不下来的吧？连续播放似的一鼓作气，近看能看出变化，而若拉开些距离，也就是隔几年再看，就会清楚看出有机连为一体的色阶。

村上 前面也说了，我通过《挪威的森林》做了个彻底写现实主义小说的实验。至于《斯普特尼克恋人》，动笔时就想对以前的文体来个总决算。接下去的《天黑以后》，使用的差不多是剧本写法。这么着，在“稍短些的长篇”中，我常常进行自己力所能及的实验。这回也是一次挑战：换个方式试试！作为我，《多崎作》[①] 也大体是实验性质的。或者不妨说是描写集体的小说。那样的东西以前我没写过。那个长度的小说，作为写手最容易做实验。

若是短篇，需要某种程度的整合性；而若是长篇，就容不得马虎。如果半途而废，实验就无法收拾了。但《斯普特尼克恋人》啦《国境以南太阳以西》啦，还有《天黑以后》《多崎作》什么的，那个长度的一本书，做有深度的实验就比较容易。可以把感觉彻底放开来尝试面对新的局势。因此，对我是非常非常宝贵的容器。不过，那个尺度的小说，总体上读者评价都不怎么样啊！

---

① 《多崎作》:《没有色彩的多崎作和他的巡礼之年》之略。

—— 心有所觉?

村上 不清楚。怎么回事呢?（笑）短篇，可以在某种程度上得到评价，长篇也能作为长篇得到评价。但不长不短的小说，至少刚出来的时候不知为什么，好像酷评够多的。粗糙啦和以前的一样啦，或者相反，想玩新意却失手啦等等。

—— 毕竟是介于短篇和长篇之间的中间性存在。而读者更对长篇故事怀有萌芽般的期待，想必有不完全燃烧之感。

村上 不清楚。我个人对那样的小说每一部都爱不释手。在外国，评价也好得匪夷所思。

—— 短篇小说读完的痛快感、爽快感，和多卷本长篇小说无所不在的动力体验——这两方面，您的读者都熟悉。而短些的长篇嘛，恐怕就多少有些困惑，不知如何面对作品。

村上 读者卡上写的，乖乖，除了批评意见没别的，弄得责任编辑心情糟透了。那才叫可怜啊!（笑）不过我没怎么放在心上。因为一段时间过后，就会重新评价，不可思议。声称“其实很喜欢的”那样的人也出现了。越往后评价越高。

——“其实很喜欢的”，不可思议的感想。有什么可顾虑的呢?（笑）一开始明说不就得了!

村上 或者有刺激读的人不快感觉的地方也未可知——是那个惹人反感不成?不过唯独那种略短的长篇小说才能做到的事情也的确是有的。加之我这方面有相应的类似击中感的东西分明存留下来，所以即使评价不好也不怎么担心。脑袋里有的，只是“往下进行”这一个念头。

—— 可是，想要从村上春树这位大作家身上获取什么的时候，也可以说四五百页[①]的中等作品里面有大型的或者宝贵的东西。是吧？

村上 唔，有可能。那个尺度的小说成了节点，结果导致下一部长篇诞生的情况确实存在。所以我常用舰队来打比方，有大型战舰，另有巡洋舰，有驱逐舰，还有小船和潜水艇什么的，由此组成舰队。最大型的战舰就是之于我的大长篇。因为大，行动就不自由。这样，短篇就是小船，小动作足够灵活，但火力什么的到底不足。这种时候，如果正好有中等船只，那真可谓求之不得了。

—— 不过，短篇也慢慢变长了吧？二〇一四年的《没有女人的男人们》也都分别有八十页左右。当然以短篇层面而言，说是略长的短篇也好什么也好，反正近来特别短的不多。往日极短的是很多的。

村上 是啊，也许慢慢变长了。倒是想迟早还要写短的。

——《没有女人的男人们》那时候？

村上 呃，那时候嘛……那是想写长东西的时期。写着写着，意象一个劲儿膨胀开去。一来想写的太多，二来能力上也能够写又长又紧密的东西了。这个很有意思。

——《三个德国幻想》什么的，那是由三个诗性短故事构成的，即使在您身上也是实验性短篇小说（注：收录于一九八四年版《萤·烧仓房及其他短篇》）。

村上 很早的东西了。喜欢写那种感觉的时期也有来着。倒也是因为有杂志媒体要那样的短东西。现今不再应杂志之约写稿了，所以大体只写自己想写的东西。结果也许越写越长了。不过短东西也还是要写

① 四五百页：指日本四五百页四百格规格的稿纸，即十七八万字左右。下文的“八十页”亦然。

的，如果到了那个阶段。

—— 这回写的《刺杀骑士团长》，作为故事也很长。但细节方面，尤其第 1 部描写足够细腻。大量运用诠释手法，密度甚至能让人感觉出简直“没有不能用语言描写的东西”那样的意志。对于一个对象，描写得十分执着，不屈不挠。过去也曾这样，但视角这回又多少有所变化，感觉上。

村上 本来我是不大擅长情景描写的。

—— 初期吧？

村上 一开始的时候。对话啦动态啦几笔就描写下来了，但抓取动态不放、静下心来把细部纤毫毕现地描写出来，就总觉得力不从心。好在渐渐学会了，忘乎所以地描写过头了也未可知。（笑）

—— 起步那阵子，相比于那样的描写，强项的确更是短平快笔触，或者说是警句印象。不过，到了第三部《寻羊冒险记》的时候，尽管您说不擅长，但风景描写不是已经相当出彩了么？

村上 是吗？倒是没怎么留意……

—— 比如去山间小屋时行走在广阔草地上的场面。白桦什么的，让我觉得历历在目。风景描写和情景描写什么的，您自己觉得大约从什么时候开始做到的呢？

村上 什么时候呢？觉得倒像前不久的事。不过风景描写什么的可是一向都不擅长的。心理描写就更提不起来了。（笑）

—— 那种时候，“这里最好加进风景描写，但懒得写啊”——可有这样的感觉？

村上 不错。小说本来就是讲究平衡的东西。“懒得写，麻烦，可这里得写点什么！”

—— 就是说小说本身要求那样的描写喽？

村上 嗯，正是。所以，写《天黑以后》的时候表现得最清楚，起始只把对话刷刷写了下来，间或简单提示一下要叙述的部分。等最后全部写完了，再以“这回看我的！”那样的感觉把叙述部分字斟句酌地细细写进去。这种写法也是一种不错的学习，对我来说。

—— 只写对话是怎样的呢？开心？

村上 开心。那东西，可以写得一气呵成。就我来说，风景描写什么的需要鼓足干劲一丝不苟地修改，而关于会话，几乎不用修改。甚至几乎不假思索，大体一发即中。

—— 例如光写对话，原稿纸会连写几页呢？如果加上叙述部分以后，相比对话的长度会增加几成呢？

村上 忘了。加进风景描写什么的，当然要变长。但另一方面，如果问我是不是想写几乎只由对话组成的戏曲啦脚本啦，却又不怎么想写。

—— 那是为什么呢？

村上 因为还是更喜欢小说的嘛！有对话，有工笔描写，二者有机结合促成一个世界……喜欢这样的生成过程。无论写本身多么难受，对于我那也怕是最终形式。

—— 读如何呢？戏曲之类的。

村上 读不怎么讨厌。大学念的是电影戏剧专业，剧本和电影脚本读了很多。有一段时间，几乎天天在早稻田坪内逍遥纪念馆的图书室里找过去的电影脚本来读。不看实际拍摄的电影，只看脚本，意外有趣。因为可以自己随意想象拍摄镜头。但自己写就不成了。叙述性部分让人吃不消。

—— 只由对话部分和提示部分构成的《天黑以后》一挥而就，然后看提示部分，心想好了，这里该加叙述性文字了——觉得很高兴的吧？

村上 嗯，那是的。权宜性提示部分逐渐变成自己固有的世界，那是让人高兴的。再次深感自己到底是小说家啊！如此说来，《挪威的森林》由陈英雄导演拍成电影的时候，我也作为剧本试着写了几个花絮。

—— 哦，您？

村上 读他最初的脚本，有的地方觉得“这里恐怕这样为好”，就以自己的想法重新写了那里的场面。陈到底好像不中意。他有他的独特美学。况且本来就是个顽固的家伙。（笑）当然我马上就收手了。小说是我的，电影是他的。

—— 原来有这样的回合啊！

村上 电影这东西是综合艺术。有演员，有导演，有写脚本的人，有摄影师，有预算，是各种各样的人聚在一起形成的艺术。我不适合那样的活计。小说则可以从头到尾一个人踢打。再没有比这更开心的了。

—— 呃，倒也是啊，极慎重地说来，无与伦比。（笑）

村上 嗯。反正只要有桌子、有纸笔就万事大吉。没有比这更省事的！也不会给谁说三道四，喜欢怎么写就怎么写，无论什么。写出的东西，人家说坏也好说好也罢，承受的都是自己一个人，是吧？毅然决然，干脆利落，我喜欢这样子。

—— 的确很适合您的性格啊！

村上 是的，简直是天职。就算长期一味独处，也不觉得寂寞什么的。

真正追求的，可能不是男性吧

—— 距上次采访，差不多间隔两个星期，我就重读了一遍《刺杀骑士团长》。上次谈话留在印象中的，例如您说免色和“我”之间要不要扔在洞里不管那段对话，多少带有情色、艳色意味。那个，是写完读完心想“那么说来，这里多少有那样的气氛啊”，还是一边写一边那么感觉的呢？

村上 写的时候可能没怎么感觉出来。大多是后来心想：“那么说来，未尝不能那么说啊！”

—— 说起以往出场男性之间的关系，比如成名作的“我”和“鼠”的关系，还有“木月”，有“永泽”，有“五反田”，有尼克式讲述者——虽然男人们的关系那多，但把男性之间的所谓情色意味具体写出来的，只有《多崎作》的“灰田”。

村上 灰田，唔，是的。

—— 呃，我想灰田是第一个。您以前也说来着，自己小说中的性事活动，往往作为某种仪式性和精神性的入口发挥作用。有一种男性即将在那里亮相的惊异。这点也没怎么意识到？

村上 根本没意识到，也没觉得哪里有什么不一样。可有什么来着？

—— 有的！多崎作往灰田嘴里射精。

村上 有来着？那个？梦里？

—— 嗯，怕是梦里吧，灰田来多崎作房间留宿。那可是一脸纯真的灰田哟！结果多崎作在灰田留宿那天夜里做了个梦。

村上 是梦里的事吧？

—— 是的，梦见的。梦见和名叫白、黑两个女孩三人性交。不知什么原因，多崎作射精居然是在灰田嘴里。

村上 全然记不得了，有那种事！

—— 当时也有隐约触及您的无意识那样的感觉来着。（笑）反正，那样的场面是有的。那之前一直是由女性在那种无意识领域诱导什么或成为某种入口，而这次的对象是男性。说不定是针对自身影子那样的存在射的……

村上 一点也不记得了。所以应该是没意识到，我想。

—— 灰田这个人，有一种不可思议的中性存在感。

村上 是啊！他在那部小说中担任不可思议的角色。或者不如说那部小说需要他，或者需要灰田父子那一实感，至今仍留在我心中。灰田这个名字本身也说明了这点。

—— 您的小说，起初是太太不见了——猫也同样——总有什么不见了。女性的离去是作为一个主题而出现的吧？

村上 嗯，那样的地方或许也是有的。

—— 女人，作为一种缺失或者丧失的意象而存在这点我是明白的。但我觉得，那是以主人公也半是听之任之或作为那个世界的前提而存在的。所以我有时想，主人公真正追求的恐怕不是女性，其实是男性。若说是好友，意味多少有所不同，或者说是邂逅真正的自己的隐喻……总之关于和男人的关系，尽管没有明说，但感觉上似乎如饥似渴。怎么说好呢，灵魂层面追求的，实际上怕是男性。因此，主人公怀有的失落感，其实也可能是针对男性的。今天听您这么说，我想《了不起的盖茨比》也恰恰有其原型……

村上 《漫长的告别》也好像有这样的倾向。那个人，叫什么来着？和菲利普·马洛成为朋友……

—— 那个喝螺丝起子（Gimlet）鸡尾酒的人，特里·伦诺克斯。

村上 是的是的，特里·伦诺克斯。尼克·卡拉维也好，菲利普·马洛也好，较之女性，莫如说更好像在男性身上寻求某种要紧的东西，那恐怕类似自己所没有的部分。

—— 自己没有的部分？

村上 前面也说了，自己也许曾是那样，实际上却又不是——便是那个自身形象。说是“失去的可能性”怕也未尝不可吧！而那在原理上，相比于异性，采取同性形象的时候或许要多一些。

—— 在您的人生中进入前三的小说《了不起的盖茨比》和《漫长的告别》，两部都是男性之间的故事。今天开头也说到了，那在您身上相当根深蒂固。尽管不是重复，但作为某种结构，根子到底扎得很深。

村上 或许。不过嘛，那是在和类似男性原理的东西有所不同的地方成立的。和“男人知男心”那样的美学不太是一回事。对象是女性也绝不奇怪。只是，怎么说好呢，要想描写其中某种禁欲主义或者相关原则那样的东西，无论如何都是同性之间来得容易。格蕾斯·佩蕾[①]的短篇世界也几乎都是通过女性之间的友谊来推进情节的。男性差不多都被作为异类对待。我当然没有把女性作为异类，尽管如此，还是不能否认对男性更了解这点。

—— 首先信息量就完全不在一个档次。

---

① 格蕾斯·佩蕾（Grace Paley），美国当代犹太女作家，女权主义者。

村上 是那样的。所以我写免色这个人，就大体知道免色想的是什么。固然是迷雾重重的人物，但何以为谜这点大体了然于心。假如由女性来写处于免色立场的人，那么就无从知晓了。当然，在创作上，“无从知晓”这点成为一个强项的可能性倒也是有的……

—— 那么，写神秘性人物的时候，如果不在某种程度上把握那个人的神秘性的真相，那么还是会写不顺利的吗？

村上 或者不妨说若写得没有现实性，就不会有神秘性。因为并非想写得神秘就能写得神秘的。要尽可能写得现实些，却变得扑朔迷离——在结果上成了神秘性人物造型。

—— 首先要现实性把握？

村上 嗯。如果把握不住一定程度上的实像，人物描写当然无从谈起。

—— 可是，您理解免色这点，没必要和读者共享吧？

村上 免色有免色的“前史”（prehistory）。小说中出现的免色，和我们发生关联的不过是一年左右这个时间跨度内发生的事。他当然有迄今为止的“前史”，有从此往后的“后史”。写的当中我心里渐渐明白了这点，他的个人史大体呈现出来。不过作为我，几乎不写实际看不到的地方，只写此刻在眼前动来动去的免色。这方面的分界很重要。

我想，菲茨杰拉德对刻画盖茨比这个人也是觉得兴味盎然的。故事的讲述者尼克·卡拉维明显是菲茨杰拉德自身的投影。但那是相当直率和真实的投影。及至盖茨比，他有意把作者自身的种种要素或者扩大或者压缩，或者扭曲变形或者加以粉饰，使之同角色贴在一起。怎么说呢，二者的比较、组合有意思。同尼克·卡拉维相比，更是通过践行式典型人物和作为虚拟性投影的盖茨比之间的纠葛而使得小说动向更为错综复杂和引人入胜的。

这一说法也在某种程度上适用于这回的主人公“我”和免色。但我的小说，免色没有像菲茨杰拉德那样膨胀得多姿多彩。感觉上约略低调。而且他也不是我的投影。这是因为，他和盖茨比不同，他不是故事的主人公。不过对这个故事来说，他是极为宝贵的角色。

—— 即使在以前的小说中，相当于免色位置的出场人物，说有也还是有的吧？作为至关重要的人物。不过，到底有所不同。

村上 唔，想必大有区别。

—— 想看还是能看出共通点的。不过怎么说呢，定点则没有，无论免色本身，还是小说内的存在方式。

村上 归根结底，以前出场的男性之所有基本没有免色式人物，我想我的年龄问题也是一定程度的原因。我现在六十大多了，而过去的主人公大部分三四十岁。与此同时，开始让有一定年龄差的人作为配角出场了。这也是因为我亲身体验了那样的年龄。

免色五十四岁吧？我已经体验过五十四岁那个年龄了，所以自己明白那是怎样一个东西，作为实感。在我三十几岁的时候写五十几岁的人，我想那无论如何也写不明白的，有的部分只能完全依赖想象。而在自己实际体验之后，有时就能手到擒来。这点或许很有关系。

—— 接刚才的话说，想要塑造神秘型人物的时候，即使读的人不明白那是怎样的人物，对某个部分自己也是明白的——那和具有这样的自信是同一回事吧？

村上 是啊！所以写以往自己没有体验过的事情的地方，回头读来，有时自己也感觉得出到底缺少某种关键性因素。

—— 那怕说的不是那个人物有没有五十岁、六十岁的现实性吧？如果想写六十岁的人，只要搜集六十岁人的情况，六十岁人估计是写得出来的。只是，不等于真能写他们了。

村上 现实性会由于微乎其微的因素而发生改变。自己实际体验之后，塑造人物当中有时就会怀有实感："这微乎其微的因素真是有用啊！"有这点和没有这点，还是会产生微妙差异。

—— 不过，村上先生，尽管所有人都体验过儿童时代，但并非所有作家都能写出儿童时代。

村上 当然。

—— 您觉得差别在哪里?

村上 前面也说了，我写《海边的卡夫卡》的时候，写的是十五岁少年。当时的感觉是，反正取决于能把记忆唤醒到什么地步。记忆这东西是要努力拽出、拖出来的。就像从小洞中把小动物拽出来一样。甚至那种努力都做不到的人、努力做也做不顺利的人，或者努力做而那种东西已经消失的人想必是有的。但毕竟想象就是小说家的工作，总之必须尽最大努力把那里的记忆想方设法拽到光天化日之下。

—— 而且要用唯独自己才明白的感觉抓取那一质感，进而把它、把这一个人化感觉置换成语言这个同类项。这是相当不容易的事。

村上 难度非同一般。

—— 还必须和读的人的童心（innocense）两相呼应。这样，如果想写和现在的自己有距离的角色，就要付出不懈的努力。

村上 是啊，必须使造型多少变得立体些才行。

—— 只是，过去您也不仅写五十四岁，还写了自己经过的那个年龄的出场人物。可我还是觉得免色这个角色在故事中担当的形象是前所未有的。

村上 是吗，或许是的。

—— 不清楚他在故事性上属于什么，也不清楚他属于何种情感。因此，他的存在怕是和洞穴本身最为相近，是吧？感觉上免色似乎偏在于小说之中。

村上 恶意与善意，积极与达观，内向的孤独与向外寻求出口，富足与渴望，这些东西的区别在他身上没有明确界线。所以，写免色的过程中我也觉得十分有趣，不妨说是意犹未尽。此人究竟是怎样一个人呢？最初我也捉磨不透。

—— 思考什么？做过什么？刚才您说"前史"和"后史"是晓得的。可还是不晓得他是怎样的人。最后真理惠躲在衣帽间里的场面，不知是免色还是什么人在衣帽间门前突然止步不动，是吧？想必那也怕是免色的一部分。

村上 嗯，估计是那样的。究竟如何我也不清不楚……

—— 假如免色这一存在是善的，那么真理惠本应从衣帽间中出来才是。

村上 出来怕也未尝不可。

—— 是的，我看是可以出来的。可是，免色身上具有绝对不让真理惠从衣帽间中出来的某种情由。而另一方面，感觉上他也并没有背负小说中所有的"恶"。

| 通过写作了解自己

—— 这本《刺杀骑士团长》，刚才也说了，我觉得好像描写了过去所没有的"恶"，或者说描写了恶之场所那样的东西。倒是归纳不好，反正作为同您的小说中早已有之的作为主题的"恶"截然有别的形式，有什么出现在这里。最后出现的东日本大地震、那场自然灾害的形态——虽然不能说那也是“恶”，但那情形也可以说是“恶”。对此不知如何接受是好——那种实感和小说整体荡漾的不安完全融为一体。

村上 那个白色斯巴鲁男子也是同样，我也不清楚他是什么人。顺便说一句，关于“斯巴鲁 · 森林人”，有许多奇闻逸事……

—— 许多？

村上 小说中出现的白色“斯巴鲁 · 森林人”的后车窗附带轮胎，上面印有“SUBARU FORESTER”的组合字母。记得我在美国生活期间时常看见带有那车名字母组合的轮胎。“斯巴鲁 · 森林人”，在美国是人气很高的车型。于是我按记忆描写下来。不料新潮社的责编一查，原来斯巴鲁 · 森林人压根儿没有正牌轮胎，似乎没有那种专用品。

—— 的确是那样的。

村上 实际上没附带什么轮胎。

—— 原来如此。

村上 也就是说，实际上不存在附带轮胎的“斯巴鲁 · 森林人”。我说我在美国看见来着，就请责编再仔细查查看。结果即使问美国的汽车行当的人，也好像说不存在正牌轮胎。

—— 那、看见的是什么呢？

村上 字母组合的记忆一清二楚，在我脑袋里。于是心想理应存在，就那么写了，却被告知没有。问题是，全都写完了，不可能现在才改（笑）。总之，附带轮胎的“斯巴鲁 · 森林人”只存在于我的小说中，而现实世界则可能不存在。

—— 有趣有趣。

村上 噢，说到底，小说写的是虚实莫辨的世界，心想差不多该适可而止了，就那样刹住了（笑）。所以，请别在二手车店找附带轮胎的“斯巴鲁·森林人”。估计是没有的。

—— 这段小插曲也好像背负着什么。

村上 斯巴鲁男子就像音乐中不吉利的主旋律一样，总是在故事中探头探脑。

—— 唔，露面。

村上 至于他是怎样的存在，我也不清楚。从小说角度固然明白，但无法解释。因此，例如免色那样的存在一动不动站在真理惠藏身的衣帽间跟前也不例外，尽管从小说角度是可以理解的，而从含义角度却解释不来。我想这样的要素对于小说是必不可少的。作者能够从小说角度、故事角度加以说明，而在含义解说上面却无能为力。而若真能一一道尽，也就不成其为小说了。不少评论家力图就这样的部分进行解析，而那有时候顺利，也有时候不顺利。当然那是评论家的自由，我不便说什么，好坏都不便说。读者怎么想也悉听尊便。我的职责只是提供文本。

—— 一次接受采访时您曾这样概括自己的回答：“写啊写啊，无论怎么写都还是有写的东西，以致自己也不明白我的那个黑暗。”这意味着，刚才您说的“从含义角度却解释不来”成了引擎，致使自己也绝对抓不住含义的东西在自己身上动了起来，因而写个不停。

村上 情况当然是那样的。

—— 那么写完之后，在某个时间节点，即使暂定性也感觉能够了解自己了——那一瞬间会到来的吗？所谓“了解自己”，无非是得以在何处如何了解自己。是吧？

村上 这点已很清楚。一如刚才说的，有的地方从小说角度固然明白，但从含义角度则无法解释。不过作为写手，必须把那一部分从小说角度写好写透才行——这个句子是有好还是没有好，写到这里要不要再往前写等等，如此这般，必须有所节制。做出若干这样的判断本身，就是了解自己，我是这样感觉的。文章修辞这东西，是一种锋利而微妙的工具，一如刃器。或适可而止，或一剑封喉，用途不一而足，其间无非一页纸的距离。如果对此了然于心，或许就等于了解了自己。例如真理惠……是叫真理惠吧？

—— 真理惠，秋川真理惠。（笑）

村上 她在衣帽间里，前面站着一个男的，有个黑影，好长时间一动不动。这一描写应该写到什么地步，作为技法，难度相当大。关于真理惠在那里想的什么也是如此。写到什么地步，从哪里开始不能写，判断起来非常微妙。要一条一条拉线，要一次又一次回头读、验证，改到满意为止。而确认拉线是否正相合适，大概就关乎了解自己的存在状态。

—— 回头读自己的小说，这个原来是自己心中那一部分的显现，写这个原来是出于这样的理由——如此这般，并不是解析自己所不了解的自己那样的综合性回答……

村上 不是。

—— 而是表现在把什么写到什么地步等具体作业之中。

村上 那种作业的精度本身成为关键性尺度。因此，那方面要一直修改到满意为止。

—— 也就是说自己这个东西归终存在于文章生成当中？

村上 最终那只能是一种直觉。这里不能写，这里必须写，这里要轻轻放过，这里要紧紧勒住——总之要打磨直觉、推敲语句。长篇小说里边也有好几处那样的关键部分。相应的作业最为棘手。当然也是最有趣的部分。

—— 非常耐人寻味。

村上 所以，无论怎么修改都很难说到位了。不过到了某个地段，就会出来一条线：不能再往前动了！

—— 那并非技术上现在到了自己的极限什么的，而是说这一形式只能按其本身的形式推进。

村上 自不用说，每个时候都有每个时候的极限，但这已经属于直觉了。直觉会告诉自己：这样可以了。如果没有这样的直觉，就很可能永远修改下去。而那也是麻烦事。

—— 莫不是说不管写的内容如何，总要有几个这样的场面？

村上 那种伤脑筋的版块是要有几个的。举另一例子来说，“无面人”要“我”过河的吧？那部分也不简单。

—— 嗯。

村上 摆渡人对主人公讲什么讲到哪里、从哪里开始不能讲？他采取什么态度？做什么？个中区别、分寸相当不好把握。这种高难度版块有几个找上门来，要想顺利过关，关键是要让文气充盈起来，无微不至地。

—— 自己这个东西会从这项作业中显现出来。反复进行这项作业、获得与之相对时的感觉，即意味着自己触摸了自己？

村上 正是。忘乎所以地致力于行文，就会产生倏然得以俯瞰自己意识天地的瞬间，仿佛阳光从厚厚的云层中一泻而下。仅仅一瞬之间，那里有什么也没办法记住。但俯瞰的感觉会留下来。

—— 那一来，您是不能说明自己在那里遇见的自己的了？

村上 不能。

—— 只存在于那一作业中、文章的生成中。

村上 文章比什么都重要。毕竟我们是通过文章看世界的。尽最大程度提高其精度，那类似一种伦理。不过上次也说了，文章归根结底只是工具，其本身不是最终目的。

—— 您在那里遇见的自己，或了解自己这一行为，是无法置换为其他任何形式的吧？

村上 无法置换。

—— 关于写小说这一行为和自己，您已经说了不少，但只存在于文章生成之中这点，却是第一次听得。

村上 第一次？觉得好像常说似的。

—— 第一次。我一直想听来着。您倒是说为了解自己而写作，但自己是什么？发现是什么？在哪个阶段发现？……关于这些您曾如何表达等等。

村上 虽说是发现，但类似“这种事，以前不明白，这下可明白了”这种显而易见的发现，基本是没有的。不明白的照样不明白，但要一点点缩小其误差。我一直做的，总之就是这么一回事，我想。

—— 那是只您自己明白的吧？毕竟几乎全是体验。

村上 是不是呢？或者，最后那区区几分之一毫厘，对于别人几乎没有意义也说不定。可是对于我，意义大得不得了。所以我不太愿意读自己过去的文章，其精度让我难以释怀。当然小说这东西不是仅靠行文精度成立的，读的人可以不那么介意。但我本人介意，很少重读。懒得返回年轻时候——和这种心情是一回事。

—— 说起为了解自己而写作，我以为很多时候势必陷入“了解自己自身”那种老生常谈的“寻找自己之旅”的境地，然而不是那样。您说打磨文章那一行为中的某一瞬间及其体验才是对于小说家的自己自身，说小说家了解自己并不是要书写自己，而是打磨文章那一行为本身。

不让读者入睡的两个秘诀

村上 除此以外，我还说过自己写文章时的基本方针几乎只有两个——是说过的吧？

—— 没说过。愿闻。

村上 那个嘛，对我来说，怎么写文章，规范基本只有两个。一个是高尔基《在底层》里边说的讨饭或巡礼之类。一个人说：“喂喂，我的话，你可听着？”另一个应道：“我又不是聋子！”讨饭的啦聋子啦，如今估计不能这么说话了，但过去无所谓。我还是当学生的时候读得的。若是一般性交谈，“喂喂，我的话你可听着？”“听着呢！”——这就可以了。可是这样就没戏了。而若回一句：“我又不是聋子！”那么交谈就有了动感。尽管单纯，却是根本的根本。但做不到这一点的作家世上很多很多。我总是注意这点。

——（笑）

村上 另一个就是比喻。钱德勒有个比喻：“对于我，失眠之夜和胖邮差同样罕见。”我说过好多次了，假如说：“对于我，睡不着的夜晚是很少有的。”那么读者基本无动于衷。一般情况下就一下子跳读过去。可是，如果说：“对于我，失眠之夜和胖邮差同样罕见。”那么文章就活了起来，就产生了反应，就有了动感。这样，“我又不是聋子！”和

“胖邮差”两者就成了我文章写法的范本。只要抓住这两个诀窍，就能写出相当不错的文章，大概。

—— 就像是说：“请大家一定试试！”（笑）

村上 也就是说，反正不要写读者轻易跳读那样的文章。通篇接连让人为之一惊一乍固然没有必要，但必须隔几页就要加进这样的东西。否则很难有读者跟上来。

—— 这两种做法是一开始就有的？还是一开始并没觉察到？

村上 一开始就这么做了。怎么说呢，起始倒是不很顺利。不过，这么说或许不大好，现在啪啦啪啦翻阅赠送的文艺刊物，却是很难发现这样两个惊异。或者我的翻阅方式糟糕也未可知。

—— 或许很少碰上让人为之一震的比喻了。

村上 觉得带着这样的意识写文章的人极少极少。莫不是“因是纯文学，所以那玩艺儿用不着”？不过，行文这东西可是再重要不过的。

—— 重要。

村上 小说的引人入胜啦结构的不落俗套啦意念的妙趣横生啦，如果没有生动的语句，这些都动不起来。有了生动的语句才开始动。意识打头，身体才会跟上。

—— 不是同时有的东西？

村上 噢，以我的感觉来说，不是同时有的，必须语句先行，语句引出种种样样的东西。

—— 一读就知是这个人写的，这点当然也很重要。而若语句本身没有吸引力，那也无从谈起。

村上 无从谈起。一如船，舻必须安在船的最前端。内容当然重要，但谁都有足以讲述的内容。前提性问题是如何把它引出来。

—— 文章魅力这东西，当然也和读者的口味有关，我想。有的文章我完全无动于衷，觉得一文不值，却有人为之感动得浑身发颤。文章理念那样的东西也许没有，但好文章还是存在的。《村上君那里》的读者邮件中，有人问："很想写好文章，怎样才能写好呢？"您的回答让人印象深刻："那东西在一定程度上是与生俱来的。啊，反正加油好了！"（笑）那个嘛，到底有和身体能力接近的地方。是吧？

村上 和唱歌相似。天生乐盲不是也有的吗？

—— 有的。

村上 说实话，我就是，歌是唱不来的。

—— 哦，那可是真的？（笑）

村上 关于音乐，作为听的人我可以听出相当细微之处。可一旦让我唱，就彻底缴枪，想这么唱的意识固然明确，但实际发出的声音，完全不是那么回事。（笑）惊愕不已啊！

—— 那么，比如有想写小说的人，说读了自己非常喜欢的文章，就想这么写。可那还是绝对模仿不来的吗？对不能写文章的人来说。

村上 想必是模仿不来的吧！威尔斯[①]的电影《公民凯恩》里边，有个从意大利召来的声乐教师，对想当歌手的凯恩的太太忍无可忍地说："世界上有能唱歌的人和不能唱歌的人。（Some people can sing, some can't.）"那是有名的台词。也可能同样适用于写文章。

不过，我想我最初也几乎是不能写的。后来通过努力而开始能一点点写好多东西了。阶段性发展过来的。

---

① 威尔斯（Orson Welles，1915—1985），美国电影演员，导演。代表作除《公民凯恩》，另有《奥赛罗》《福斯塔夫》和《第三个男人》等。

活法难教，写法也一样

—— 村上先生，您常说“一开始我并不会写”，是吧？那到底就像刚才说的唱歌，自己想写的是这么一个东西——心间图像坚不可摧，而您本人却与此远离。是这样的感觉吗？

村上 离得相当远。我对当时的编辑说“我还不能写好文章”，结果对方说：“村上君，不怕的！大家都是在拿稿费过程中一点点写好的。”倒也的确是那样。（笑）

—— 您不知说了多少次起始不能写、不能写的。那是因为您本人不很了解自己。其实是很能写的。（笑）

村上 我想是因为最大限度地写而终于写顺手的缘故。只是，那和我真正想写的多少有所不同。能在一定程度上把自己想写的东西写出来，那是很久很久以后的事。尽管如此，怎么说呢……从起步时我就好像相当引人瞩目了。

—— 啊，是的是的。当时我才三岁（笑）……

村上 三岁！年龄差这么多！没意识到。

—— 起步是一九七九年吧？我是一九七六年出生的，三岁。当然不知道当时情况。不过，向大我十五岁左右的人问当时的情况，说一开始就声名鹊起。

村上 人们是好像有那样的感觉。

—— 您本人没感觉到？

村上 几乎没感觉到。一来最初是一边开店一边写的，忙得一塌糊涂，二来我本是普通人，只要开店，就必须一直向别人低头。

—— 确实。

村上 嗯。所以，真切感受是没有的。说到底，自己并没有写什么了不得的东西，怎么会那么引人注意呢？莫如说最先有的是这种惊奇感。

—— 可编辑没有把反响大体告诉您吗？比如“卖这么多了！”或者“出来这样的书评了！”

村上 唔——，怎么说好呢？毕竟当时我认为开店是正业来着。

—— 反正时常听说年轻读者一开始就很兴奋。“来了！我们的时代来了！”感觉这么强烈的人，如今大多五十五六了。

村上 我本身倒是没怎么反应过来，倒是怀疑写这样的东西合适吗？

—— 那个感觉是从哪儿来的呢？

村上 归根结底，那个时候有中上健次和村上龙，那样的主流力量位于文艺界的中心。我嘛，相对说来属于支流，或者边缘性存在，感觉就像是“随你怎么搞好了”！某种程度上引起注意有可能。惟其如此，抵触也够厉害，我不大想这个那个搅和进去，就尽量不东张西望。从那时开始就不怎么向文坛什么的靠拢。况且酒吧的事都足够忙的了。

—— 不光是新人奖，即使成为很大话题之后，作为您也是那么感觉的吗？

村上 我以为，对于文体，日本的文坛是不怎么考虑，或者不怎么给予正面评价的。

—— 究竟如何呢？感觉上，所谓文艺刊物式评价那个东西是有的。只是，那上面评价的文体和您设想的文体多少有些距离。您啪一下子翻开文艺刊物觉得没意思——一看文章的“面孔”就有这样感觉的吧？

村上 那东西嘛，看上几页就不难明白。觉得“啊，这个不坏嘛！”的时候也是有的，尽管是一瞬之间。

—— 怎么说好呢……作为倾向，所谓长一副“纯文学面孔”的文体，到底是受肯定的。

村上 很少有人正面对待文体，我觉得。倒是不可思议。

—— 日本有很多翻译文学，接触所谓类似翻译文体的东西、感觉不到日本文学湿度的文章的机会多了起来。以那样的文体写作的年轻作家也出现了。不过那一来，什么轻飘飘啊不描写人啊等说法也可能是有的。

村上 写人的难度可是非同寻常啊！（笑）

—— 二〇一五年在福岛举办的文学讲习会上，您瞧了一眼我的创作讲习班吧？那时您对听讲的人指出了一点：用耳朵听不懂的语言，使用时必须谨慎才行。可是看新人奖的原稿，无论如何都还有不自觉使用比较晦涩语言的倾向。无论作为文字还是作为声音，都什么也留不下……

村上 嗯，语言的回响轻视不得。具体的物理性回响。即使不出声，也必须眼睛看上去有感觉。

—— 主题、内容另当别论，反正文章层面能让人抑扬顿挫地一路读下去——细想之下，这样的体验可能极少发生。或许也跟口味有关……

村上 不能用眼睛听取回响是不行的，作家。不是说写完了念出声来，而是用眼睛感受回响，这非常关键。所以，我时常说自己“从音乐中学会了写文章”。那不是瞎说。用眼睛看，感受其回响，订正其回响，让回响更为动听，这点马虎不得。句号逗号不也是节奏吗？这也足够紧要。

—— 打磨当中所依赖的感觉那东西，说不定和天赋才情有关。

村上 对别人写的文章，我基本是不动的（笑）。

—— 什么意思呢？

村上 意思是说，看别人写的文章，就算请我修改，我也改不了。这是因为，我的文章太是我的文章了，已经定型了，以致没办法以此为尺度轻易动别人的文章。一动就要全动。

—— 那么，“这里最好补充一点儿啦，那里怕是应该写具体些啦”这样的建议是给得出的吧？

村上 在大框架层面，这部分压缩一点儿啦、这个地方是不是再扩展一些啦，这样的话是可以说的。不过具体遣词造句怕是说不了。因为只要修改一处，就可能统统修改，真的。当然也和对象有关，对象是专业还是业余也有关系。

—— 好比说优秀的棒球手不会教打法，或者说一郎[①] 也许是当不了教练的。形式教不了。

村上 比如看别人的小说，故事中出现这样一个人物。而我就算再不认可那种人物设定，那也仅仅是我不认可而已。对写的人来说或者对某种读者来说没准是有意义的。这么一想，就什么也说不出口了。所以，建议什么的一下子提不出来。意见当然可以说，但具体建议那东西很难。一如活法是教不了的，写法也难教。

—— 我想这是您的一项美好品质。不过基本说来，无论怎样的作家

① 一郎，日本有名的棒球手。一般写作“イチロー”。

怎样的作品，对于所写的东西基本上能够致以敬意，我觉得。

村上 不能够的当然也有（笑）。

—— 有倒是有（笑）。由于某个机缘生成的文章，相对说来是具有某种价值的。您不这样认为？绝对不当文学奖的评委，想必也和这个有关。

村上 嗯，是那样的。事关别人，我无法判断。例如刚才也说了，啪啦啪啦翻看文艺刊物，是不是要往下读我能判断，但作为小说是不是出彩，大多情况下我不清楚。即使已经成为经典的、大家都喝彩的作品，也有好多我觉得枯燥无味的。举个例子，都说是名作的夏目漱石的《心》什么的，在我眼里就毫无意思可言。

尽管如此，却不能说没有价值。因为这终究不过是我的个人感觉。关于自己的文章，固然可以说这个好那个不好，但对于别人写的文章，就不能明确断言，实话实说。

—— 那种心情估计谁都是有的。问题是为了推出新人总要有谁当评委才行。单单判断别人的作品就已筋疲力尽，而同时自己又要被说三道四，的确让人心力交瘁。如此周而复始当中，想到投往自身作品的视线是如何形成的，难免觉得不可思议。虽说加入这种自警意识，但能像品评别人作品那样冷静判断自身作品的人，怕是比较少的。

村上 呃——，不过我想，无论怎样的人，只要花时间去读，哪怕是自身作品也应该还是能在某种程度上做出正确判断的，只要充分投入时间。只是，多数人因为有截稿期限，像是被推着赶着写东西似的，以致很难花时间细读和检查自己的作品。倒是不大清楚。

—— 因此，留出足够的时间对作家是多么重要！这点您反复强调来着。

文体是心灵之窗

村上 前面也已说过，写小说是一种信用交易，信用一旦失去，挽回实非易事。“若是这个人写的东西，就花钱买来看看好了！”——必须构筑这样的信用，也必须维持下去。为此就要仔细打磨文章。就像擦皮鞋、熨衬衫或磨刀刃那样。

—— 呃。

村上 对我来说，我认为文体几乎是最重要的。但在日本的所谓“纯文学”那里，文体好像排在第三、第四位。大体是主题第一主义。主题被首先拿出议论一番，往下东西就多了，例如心理描写啦人格设定啦，那种理念性的东西受到肯定，文体是更往后的问题。但我的想法是，如果文体不能运用自如，可能什么都无从谈起。

—— 文体的“好”要想得到评价，如果那种好不能为大家共享，怕是很难的。而若是整体结构啦主题什么的，就能说服对方。可是文体好那东西，似乎主观因素较大，因而以此一点来判断可能不利那样的地方也是有的。当然，文体本身也必然有结构，问题是很难有机会讨论到那个地步。

村上 话虽这么说，可也没必要把明显恶劣的文体特意吹上天的嘛！（笑）

以文体评价而言，日本近代文学史上，夏目漱石到底成为一个主轴。并不是对其所有作品都给予高度评价，但漱石确立的文体，之后很长时间里都没有发生大的动摇。志贺直哉、谷崎、川端，那种新文学提案某种程度是有的，当然也出现几个像是另类的人，但足以动摇夏目漱石文体的突出存在没能找见。我想这怕是一个问题。印象中，无论如何都是观念性、思想性的东西受人青睐，而文体总是等而下之。也可能是在“纯文学”这一框架内被持续吹入了奇妙的气息。

—— 以那一潮流而言，女作家出现时的评价，反倒多被指出文体如何如何。

村上 唔——，是的是的。没意识到啊！

—— 我也同样被指出文体来着。《乳与卵》那部小说，感觉上被议论的也只是文体。

村上 哦？只说文体来着？

—— （笑）

村上 当然那是在正面意义上说的。《乳与卵》那部小说，明确说来，文体就是一切。我看那是极好的成绩。毕竟一般人是做不到的。不过对这个你没有怎么作为表扬话接受下来？

—— 采用文体的意义啦行文的结构啦，这些能得到评说，觉得是在认真讲自己的作品，自然感到高兴。但主要是暗指身体性的东西吧？所谓女性身体什么的。这方面多少变得复杂起来。“因为是和我们男人无关的领域，所以能够评价。”——这点也感觉出来了。

村上 原来是这样！我倒不那么想。文体的质无所谓男女，只有好与不好。不过你想说的我不难理解。

—— “刀砍即出血”啦“用子宫书写作”啦，那种等于什么也没说的千篇一律的诙谐评价前不久还有来着，改头换面留了下来。无非是说因是女性才写得出，被贬得一塌糊涂。写作是技术、是理性方面的对吧？然而这项能力总好像基本不适用于女性。“非男性不可”这样的评价是不存在的。于是我想再不能因此受夸奖了，就在写下一部作品时改变了笔调。

村上 是吗？我倒以为没必要想到那个程度。

—— 对于女性作家评价上面，总有两三种复合型气味。最近我也被嘲笑来着，说是“面部特写女流作家”。但基本没有人把同是音乐家出身的男作家称为“面部特写男作家”，不可能那么说。说这么不礼貌的话而又不觉得不好意思，无非因为我是女性。说到底，女流是什么？自己是无须自觉的理所当然的坚实大地，女人是大地上缓缓流淌的小河流什么的——这种意识现在还有。

村上 一点儿不错。

—— 您说来着——倒是和这个无关——所谓王道、男性中心主义文艺评价，就是“有文学传统的、主题突出的”，这类看法至今仍有。怎样绞尽脑汁写的？能不能再上一个台阶？在那方面有怎样明确的意识？在这个意义上，到底是主题和结构那东西有分量。

村上 确实如此啊！或许是某种男性中心主义。

—— 绞尽脑汁再好不过，批评性也足够重要。可是，适用于男作家的东西也应适用于女性作家。反过来也一样，我想。

村上 那么说来，文体受到夸奖的男作家好像很难找见。

—— 少数。有是有，也受到高度评价。不过那些人的小说文体，没怎么成为现代批评对象。在研究者层面可能没得到充分讨论。

在这点上，您得到的批评、评论无人可比。意识到了结构，大家一齐开始解谜。(笑) 如此说来，荣获群像新人奖的时候，吉行淳之介先生和丸谷才一先生都夸奖了文体。评价说具有新文体的作家出场了。同时具备文体和经得起分析的结构的作家，毕竟鲜乎其有。

村上 果真？不错，吉行先生和丸谷先生都在看作品时同文坛主流约略保持距离，都是比较重视 style（文体）的作家。假如换了评审委员，我未必能得到新人奖。

英语有句话说："Style is an index of the mind." 被译为"文体是心灵之窗"。Index 意思是"指标"。既然有这样的说法，那么至少在欧美，style（文体）是有很大意义的。

—— 文体是心灵之窗。

村上 让我认识到文体的厉害的，不管怎么说都是塞林格。他在《麦田里的守望者》中也显示了压倒性文体力量，把人们，尤其把年轻人彻头彻尾打翻在地。不料那种文体他只用了一次，戛然而止。一如你让《乳与卵》的文体没了下文，同样的东西绝对不再使用。

—— 那的确是个显例。

村上 嗯。对了，下一部写的是《弗兰妮与祖伊》，那部作品是用完全不同于《麦田里的守望者》的文体写的。《弗兰妮与祖伊》了不起的地方，是整个儿抛弃了《麦田里的守望者》文体，为这部小说专门定制了几乎全新的文体。过去的文体几乎不再沿用。那个嘛，令人震惊的首先是工作量。

—— 呃，精髓当然感觉得出。即使用日语读起来也知道判若两人。

村上 "弗兰妮"那部分具有都市素描意味，里边多少留有他过去的《纽约客》式笔触。但后半部的"祖伊"，文体焕然一新。看得我屏息敛气：居然能平地拔起！和《麦田里的守望者》相通的地方丝毫也没有的吧？作为 style、文体。但《纽约客》的编辑没能接受那种文体，以致招来强烈反驳。

高中或大学时代我也通过译文读了"祖伊"，那时没多大感觉。但自己动手翻译起来，一遍又一遍读英文原著过程中，不由得感叹：

“真不得了！”打造如此厉害的文体的能有几人？他对文体便是有如此强烈的意识！ Style conscious。

—— 塞林格这个人，《哈普沃兹 16，1924》是最后一本吧？那本嘛，不知道怎么说才好。

村上 唔，老实说，读不下去。只能认为文体的流程在哪里拐去奇妙方向了。当然这不过是我个人意见罢了。

—— 由六七岁的希摩讲述这一设定也是同样，简直就像边写边破坏似的。

村上 塞林格且不说了，返回《乳与卵》——那种文体已经贴上了封条。总觉得未免可惜……

—— 如果作品需要，也可能重新启用。倒是和刚才的理由无关，初期我也有发起种种挑战的心情……这么着，往下写了《天国》（Heaven）那本小说。

村上 唔，在那里文体完全一变。

——《天国》是第三本小说，记忆中您的第三本小说是《寻羊冒险记》吧？我要说的不是内容，是方式。结构引进来了，您在这部作品中有了大跨度飞跃。我也绝对是第三部作品——当然不能跟《羊》比——我有一种强迫意识：自己也要像村上先生那样做出改变才行。毕竟起步时的年龄和您一样。

村上 噢，起步时的年龄？

—— 是的，三十岁。您可有这么介意的人？比如说，“啊，这个人，多大年龄的时候干这个来着！”

村上 想不起那样的存在。我记得的，是菲茨杰拉德四十四岁的时候死了，陀思妥耶夫斯基死的时候大约六十岁。没以为自己会比陀思妥耶夫斯基活得久并且仍在写小说。从照片上看，那个人长相真够老的啊！呃——，要比实际年龄大。

—— 比陀思妥耶夫斯基活得久，的确是个冲击。不过时代不同嘛（笑）！这且不说，刚才提了一下结构，您说结构和文体同样重要。那么关于结构，能多少展开说一下吗?

村上 关于结构，开始写的时候几乎没意识到。或者莫如说像是自然而然事先就在自己身上的，如同每一个人有自己固有的骨格。

—— 结构不是制作出来的?

村上 若说那个类型是从哪里产生的，主要来自自己过去读的小说和过去写的小说。那东西作为自明之物已然存在于自己身上。因此，没有特别重新考虑结构。考虑的，首先是文体。然后是文体引出的故事。

—— 谈论和阅读 structure 的时候，把它翻译成“结构”，但结构的含义，由于语境的不同而差异很大。有“这里写的文本具有如此这般的结构”这一用法。也有人在“故事构成”的含义上使用结构这个词。您是以怎样的感觉使用结构一词的呢？结构本身、结构是关于什么的呢？还请指教才好。

村上 唔——，不是要在某种程度上写、例如写完初稿的吗？那个时候结构自然显现出来。把血肉接二连三贴在肉眼看不见的透明骨格上，结果骨格形状就呈现出来——或许接近这个感觉。而且，对骨格在结果上呈现的方式，届时有必要调整也未可知。

—— 那么说，感觉上就是初稿写完后就着手把已然包含其中的，或者被掩埋的结构变成血肉之躯?

村上 和画家在画布上画画是一回事。画布是有框框边角的吧？大家都在框内画，不能画到框外去。对此画家并不觉得多么不自由，不认为画布广阔无边才自由。把某种尺寸的画布在脑海中设定好了，上面自有艺术天地形成。小说也一样，这里框框边角大体一目了然。否则，势必写了五千六百页也意犹未尽。因此，写到某种程度就会有结构出现：上端在那儿，底端在这儿，左右到这儿。所以，结构啦骨格啦什么的，用不着抱着双臂冥思苦索，水到渠成。

—— 那是因为以往的阅读体验中有结构贮存下来，结果自然流露出来，根据具体作品而清晰化为相应的形态。我觉得这和您一直搞翻译有很大关系。翻译这项活动，不但整体结构，而且要持续处理文章结构。

| 拉手领去哪里的存在

—— 对了，这本小说中有几位女性出现。绘画班的学生也是女性。

村上 人妻。

—— 是人妻。此外有在情爱旅馆发生一夜情的女性，有秋川笙子，有无论如何都绕不开的秋川真理惠。不过听您介绍的过程中，得知出场人物都是由名字召唤出来的，或者在文章所具有的动感中出现的。

那么，女性出场人物也是自然而然出现的，而不是事先计算好的吗？比如故事流程中需要这样一个人物啦，引出来的时候要保持平衡啦……

村上 自然出场的。例如秋川笙子这个人，并不认为这里非有不可。固然在那里写了她，但实际写她之前，连我也不知道她到底是怎样一个人。不料写着写着，有什么出现了：啊，原来是这样的感觉！身穿淡蓝色连衣裙和灰色对襟毛衣什么的。既然是那样的服装加上手拿黑艳艳的手袋，那么比如富有教养的人啦等等，就渐渐具体成形。而这一开始是不晓得的。

—— 例如“我”和绘画班上的两个人妻发生关系。这方面，一个人的可能性、三个人的可能性，我想都是有的，为什么决定两个呢？这也是兴之所至？

村上 兴之所至。一个不成，三个过多。（笑）三个人描写起来累，吃不消。而若是一个，其存在感未免太大。所以作为数量怕是两个合适。现实因素大。

—— 那么，这本书中，不管怎么说都是真理惠在发挥重要作用。您主要写少女、女孩子，《拧发条鸟和星期二的女人们》里的笠原May是第一个（注：收录于一九八六年版《再袭面包店》）。

村上 《舞！舞！舞！》的雪呢？

—— 短篇里边，《拧发条鸟和星期二的女人们》是第一个，长篇中最先出现的，是《舞！舞！舞！》里边的雪。

村上 呃，是吗？先出现的是短篇。

—— 是的。成为《奇鸟行状录》基础的短篇《拧发条鸟和星期二的女人们》是一九八六年发表的，这个在先，是女孩子作为主角出场的小说。今天前半部分的交谈中，您首先说女性对于自己是远距离的。及至少女，就更远了吧？

村上 在那个意义上或许是远的。

—— 远距离存在。虽说笠原May处于微妙的年龄，但反正第一次写了少女。作为那时的感觉可记得什么？

村上 啊，作为存在虽然远，但写起来并没觉得特别难。可能反倒比描写成年女性来得容易。毕竟不描写关乎自我的麻烦事也是可以的。

——《拧发条鸟和星期二的女人们》有三个女性出现，是吧？妻、笠原May、电话女郎。上次和您交谈时，您说那是从想写胡同的心情开始的。

村上 是的是的是的。我喜欢那条胡同。打算详详细细地写一写胡同。小说大体是从那里开始的，从胡同的具体描写。原型是我的朋友夫妇住的世田谷区一座不大的商品房。有个小小的院子，长着一棵树，后面有一条胡同。至于胡同是不是死胡同倒是不晓得。

—— 胡同描写记得很清楚。雨淋湿的花瓣粘在餐桌上。我想您那时是第一次写女孩子，感觉怎么样？可有"能写了"那样的手感什么的？

村上 感觉写得十分顺手。没怎么思索，一气呵成。这是因为，主人公和少女之间不存在性方面的感情。可能是那种地方让人放松。

—— 没有性方面的感情让人轻松？

村上 性方面的感情当然没有，但其中有某种艳情类的东西。怎么说好呢？有一种遗传因子原本不同那样的直觉。那种情思相当轻快地进入自己心中，一拍即合。笠原May多少岁来着？

—— 笠原May十六岁。不再上学的高一学生。她很会说话。记得？

村上 那个年龄段的女孩子，有的人感觉非常敏锐。而且，意识和无意识之间的分界线还没有完全固定。所以格外敏感。

—— 和写男孩时的感觉截然不同？

村上 截然不同。无论肉体上还是精神上，尤其那个年代，男女之间有决定性差异。

—— 比如想写男孩的时候，怎么说呢，如果不多少脚踏实地就不能动笔——可有这样的地方？

村上 唔，这个嘛……恐怕不多少解释一下成长状态是不行的。这么说也许不合适，男的基本是傻瓜蛋，几乎什么都不考虑。我也曾是男孩，个中情形一清二楚。脑袋里装的全是愚蠢念头。（笑）现在也大同小异。

—— 举例说，您最近在翻译卡森 · 麦卡勒斯[①]《婚礼的成员》（*The Member of the Wedding*）那种女作家以少女时代的视角描写的作品，从那一过程中是不是也能感觉出少女的敏锐啦、某种梦幻啦、十几岁"责任暂缓履行期"（moratorium）那样的东西……

村上 假如由女作家来描写秋川真理惠和笠原 May，我想写法还会完全不同。说不定更加栩栩如生跃然纸上。翻译麦卡勒斯的小说当中强烈感觉到了这点，心想自己横竖没办法那么写少女。我这样的男作家写起少女来，会写得很有象征性，好也罢坏也罢。说几句私事可以吗？

—— 当然可以。

村上 上初中或小学高年级的时候，说来也怪，有被女孩子拉手的记忆。突然有个女孩子走过来，拉起我的手，把我领去哪里。

—— 是谁？同班同学？

村上 班上的女孩。

—— 交往来着？是不是喜欢上了？

村上 不是那样的，一个比较可爱的女孩。感觉像是说："村上君，来一下！"就拉着我的手把我领去了哪里。估计是有什么事，至于是什么事却记不清了。大约两三回吧！

—— 两三回。实际发生的事吧？

---

① 卡森 · 麦卡勒斯（Carson Mc Cullers，1917—1967），美国女小说家。擅长描写人生的孤独与爱情。著有《心灵是孤独的猎手》、《金色眸子里的投影》等。

村上 不可思议啊！我这个人，特别讨女人喜欢啦，在不特定的多数女子当中有人气啦，那样的体验根本没有。非我瞎说，是没有。可是，单单那种给女孩拉手领去哪里的记忆相当牢固地留了下来。

—— 故事妙极了！

村上 谈不上妙不妙。（笑）毕竟没有下文。

—— 在理解村上小说上面，这是个重要往事，在这个意义上妙极了。这个嘛，前因后果都不记得，只有被女孩拉手的感觉留了下来。心情是很好的吧？用快和不快来说，属于哪种感觉？

村上 我想是比较好的感觉，因为至今仍有那个女孩手的触感。尽管不是什么了不得的体验。

—— 呃，这是重要体验。作为女性存在的原型，您有被她引领的体验。女人固然也有作为理解对象的一面，但在写作阶段，基本是作为那样的存在出现在村上心中的。

村上 那么说来，女孩突然出现拉起我的手把我领去哪里的感觉，说不定还留在我身上。有那样的事发生这一感觉作为原体验……

｜女性是否过于承担性方面的职责

—— 想谈一下真理惠。她对胸部感觉出一种身体自证性（identity）或者说十分迫切的东西。以往小说中的女孩，例如雪和 May，当时我在她们身上分别感觉出了独特的魅力。

魅力在什么地方呢？就笠原 May 来说，有关于“死的块体”的说明那个场面吧？“像垒球一样钝钝的、软软的……”那个地方。让主人公闭上眼睛说的，少女身上“伤害别人与伤害自己”或者“别人的死与自己的死”之间的暧昧性、那种仿佛可以无限拉出的所在皆是的线条的无奈，描写的笔触实在太精彩了。那本身足以让人活生生感到少女之所以为少女，是我最最喜欢的部分。雪也好 May 也好，好像没怎么谈胸部如何这种身体性质的事。可是这本书中的真理惠……

村上 耿耿于怀啊！有点像强迫症似的。

—— 是的，在意得不得了。那会不会比较过分呢？面对第一次相见的“我”，在大家都离开的一瞬间说出“我的胸很小吧？”这样的话，当时我可是吃惊不小。她在胸部上面表现出来的类似强迫症的自我求证情绪，是从哪里来的呢？

村上 并没有特别求取自我求证那样的东西。不过，那样的女孩总是有的吧？

—— 例如和“我”这个角色之间的错位……若在这里提起真理惠的胸部，会有怎样的反应呢？莫不是有这样的感觉？

村上 是啊。不过反过来说，她对“我”说起胸部来，怕是没有怎么把他作为男性来看待吧？没有视为性方面的对象。所以，两人的交流，更为内向的、更为思索性质的要素反而增强了。或者莫如说她向“我”寻求那种关系。觉得她大概一直寻找能有这种关系的对象。无论如何是不会对有可能看作性方面的对象之人说什么胸没有膨胀啊乳头小啊这种话的，一般。

—— 有道理，是吗！作为我，觉出了相反的可能性。就是说，以为真理惠会把话推往让对方意识到自己的性的方面。但作为您，似乎把性暗示从那种关系中排除掉了，而加强了思绪性要素。

村上 嗯。因此，在那个意义上，“我”和真理惠的交流，从小说角度来说，是使之作为讲述的一个轴来发挥作用的。通过两人的交谈赋予故事不同的层面。

—— 所以两人对话的描写能够传达“我”这个人物——尽管哪个读者都没实际见过“我”——的性格。

村上 是啊！“我”是足以让十二三岁的女孩放心说胸部大小的对象。他有这样的地方。

—— 那么，关于您小说中的“女性”，我想请教的是：谈论您的小说的时候，对于女人的写法、女人带有的职责往往成为话题，是吧？

举例说，朋友时常问我：“你那么喜欢村上作品，可那个方面是如何找到平衡点的呢？”关于您小说中出场的女性，有的地方多少让人止步不前。那方面，无论男女，都有人怀有抵触感。

村上 果真？怎么回事？

—— 说的也不仅仅是“写不出栩栩如生的实际上的性”那个意思。比如——刚才说到了——对于女性这一存在被视为巫女性质的，让她承担巫女式职责……

村上 指的可是拉手把我领去哪里？

—— 嗯。把主人公异化了。女性描写大多作为用于异化的入口或契机。

村上 那样的因素未必没有。

—— 异化的时候，性交被作为通往非日常性的路径拿了出来。既然如此，在主人公被设定为异性爱者的情况下，女性承担性交职责在某种程度上就是无可避免的。不过从某一方面来看，觉得女性总是以那一形式“过于承担身为女性的性职责”的读者也不在少数。这点无论如何都想请教一下。

村上 不大明白。你是说超出必要程度的职责？

—— 就是说，女人每每成为只是为了完成性方面职责的存在。故事啦男性啦井啦——对于这些毫不怜惜地倾注的想象力，并没有在同女人的关系中得到发挥。女人不能作为女人本身而存在。即使女人是主角或者配角，倾向上女性总是男主人公的牺牲品——本以为能够在具备所谓主体性的基础上展开自我实现那样的情节——为什么您的小说中女性大多承担这样的职责呢？

村上 言之有理，嗯。

—— 对此您是怎么想的呢？

村上 不过这么说也许不合适，我倒是觉得大凡出场人物，无论对谁我都没怎么深入发掘。男性也好女性也罢，那一人物是如何同世界发生关联的——其接点那样的东西是主要问题。莫如说有意不把其存在本身的意义、重量和方向性什么的写得过多。前面也说了，尽可能不同自我发生关联，无论男性还是女性。

—— 唔。

村上 只是，《1Q84》有可能是我迄今最为正面同女性出场人物相对的故事。青豆对天吾是十分可贵的存在。但两个人实在很难相见。尽管如此，故事仍在相互对视中进行。两人一起承担主人公的职责。最后的最后两人终于见面了，合二为一。性关系的确是最后才出现的。在这方面，青豆和天吾在某种意义上是平起平坐的——从小说角度——是对等构筑故事的，我想。

—— 长篇小说中，在和什么强大的东西抗争的时候，《奇鸟行状录》中冈田亨和久美子对抗绵谷升、《1Q84》中青豆和天吾对抗某种巨大的恶——二者相通的，是男性方面的职责在无意识领域里战斗。

村上 那么说来也许是那样的。呃——，莫非职责同一般男女关系相反不成？不大清楚。不过从男女平等主义观点来看，那会是怎么回事呢？

—— 这倒是惯常读法的一种：男性在无意识世界中战斗，而在现实世界中战斗的则是女性。举例说，在《奇鸟行状录》里边，是久美子拔掉维持生命装置的插头而下手处死现实中的绵谷升的。《1Q84》也是。实际杀死教主的是青豆吧？当然，没必要对所有小说都从男女平等主义角度解读，况且小说的目的也不是追求正确。但是，如果从男女平等主义角度解读的话，那么就可能产生这样的感觉："是吗，这回也是女性为了男性的自我实现而流血牺牲？"

现实世界中大部分女性都仅仅因为身为女性而活得焦头烂额，都为这样的体验而感到无奈。例如即使遭遇了性侵，也被人指责为有隙可乘造成的。这等于说女性有女性身体就是罪过，等于存在本身被否定了。想必也有女性没这么想过，但在那种情况下，完全被体制内面化而浑然不觉的可能性也是有的。因此，即使在故事中目睹女性为了满足男性的自我实现和欲望而沦为牺牲品这一构图，有时也觉得郁闷。

村上 唔——，那怕是碰巧了吧？那样的构图之类。至少我没怎么意识到那点。说不定是极为下意识地偶然促成那样的故事的。不过不是我自我辩解，我写的并不全是那种单一模式。例如《挪威的森林》里边，直子和绿子分别在意识下世界和意识上世界拼命活着。哪一个都让主人公"我"情有不舍，几乎分裂。后来，《天黑以后》什么的，几乎是以女性的意志推进的故事世界。因此，我认为绝不全都是将女性角色作为性层面的"导游"而进行周边性设计的。即使故事本身忘了，她们也至今仍活在我身上。例如《挪威的森林》中的玲子啦初美啦，现在想起她们，心里多少都有些发热。我不仅仅从小说角度利用她们。作品不同，情况也各有不同。这不是辩解，而是实感和体验。

—— 明白。作为写东西的人，我想我也能切切实实分享那种实感。而与此同时，对读者那样接受和理解本身也能够理解。

刚才的话对我是十分宝贵的。在您的心目中，有一种女性是超越性本身的，或者与此无关，而作为将故事本身领去不同地方的存在而出现的。

村上 嗯，我经常觉得女性身上毫无疑问具有与男性不同的功能。倒是十分庸常的说法：我们是相辅相成地活在世上。而且，交换职责和功能的时候也是有的。至于是视之为自然还是视之为模式，是视之为公正还是视之为不公正，是视之为对立性性别之差还是视之为可以协调的个别性，则因人而异、因场合而异。较之相辅相成，甚至可能有相互抵消的部分。不过作为我，只能视之为故事。既不积极，又不消极，只能排除预见而直接贴近自己心中的故事。我不是思想家，不是批评家，也不是社会活动家，不过是一介小说家而已。所以，如果有人说从主义角度看不正常，考虑不充分，那么只能老老实实道歉说“对不起”。道歉是一点儿也不碍事的。(笑)

| 这样的女人，以前从未读过

—— 例如即使钱德勒的硬汉（hard-boiled）小说里边，也是有女性先来委托什么那样的安排的，是吧？您读过的小说中女性发挥怎样的作用——我想这方面的积累也有很大关系。

不过，说起您笔下的女性，对于我首先是《眠》的女主人公（注：收于一九九〇年版《电视人》）。以往我读了女作家写女性的小说，男作家写女性的小说也读了。但是，您在《眠》中写的主人公那样的女性，迄今为止一次也没见过。这实在是让人惊叹的事。

村上 那在《纽约客》发表来着。那时我在美国还几乎默默无闻，据说读的人大多以为 Haruki Murakami ① 是女性。实际上也接到好几封女粉丝来信："写得好！"（笑）弄得我哭笑不得。（笑）

—— 在您的作品中，《眠》是女性当讲述者的第一部作品吧？

村上 是的吧，像是。

—— 当时是出于怎样的缘由写女性的呢？或者说并没意识到这点？

村上 那是在罗马居住期间写的。当时的我尽管不至于是神经官能症，但由于《挪威的森林》大卖特卖，那时周围的反应让我烦不胜烦，就想一逃了之。因此离开日本，躲在意大利。心情一落千丈，好长时间里什么也写不成。但某个时候忽然想写什么了，于是捏在一起写了《电视人》和《眠》。是初春的事。

—— 哪篇先完成的呢？《电视人》？

村上 大概《电视人》在先。用 MTV 看卢·里德（Lou Reed）的音乐录像的时候来了灵感，差不多一挥而就。之后以女性为主人公写了《眠》。想必那个故事吻合我当时的心情。想尽可能远离自己自身的心情也可能是有的，所以把女性作为主人公。记忆中，这个故事也大体是一挥而就。

——《眠》的确是精彩作品。睡不着觉，这就好比是在打发不存在死亡的人生。那种不安稳感和独特的紧张感一刻也没放松，同一位女性的存在浑融一体……即使这样的作品，您也是用几天时间写的

---

① Haruki Murakami：村上春树姓名的英文拼写。

吧？短篇。

村上 到脱稿大约花了一个星期。

—— 《眠》是我花了几天时间仔细读的。反正没读过这样的女人。作为女性的我，兴奋的是在文本中发现了“新女性”。那是由男作家之手使然的惊喜，的确是足够开心的体验。

稍稍回到刚才的话上来。对于我，说起村上小说中的女性、女性造型，就是《眠》中的她。我虽是男女平等主义者，但就这点说来，信用交易，而且是相当大规模的信用交易得以在此成立。而且有一种比什么都宝贵的对文章本身的信赖。……您翻译了不少格蕾斯·佩蕾那位女作家的短篇，和那些短篇是不是多少有关？在女性造型上面。

村上 我想没什么关系。格蕾斯·佩蕾只是因为作为小说作品很有意思才翻译的，几乎没意识到其中的女性原理什么的。就《眠》来说，我单单是兴之所至刷刷写了出来，感觉上还有些怀疑这么写女人是不是合适。主人公碰巧是女人罢了，作为我也并不是多么有意写女人心理才写的。

—— 如果想写女人，女人写也好男人写也好，心想这么写会有女人味儿那样的执著是有的，而那篇小说完全没有这种东西，是吧？

村上 只是，最后场面是私家车半夜在码头上被人摇晃了吧？唯独那个时候相当强烈地意识到主人公是女性来着。四周一片漆黑，几个男人围上来一下又一下摇晃车体，女人一定胆战心惊的吧？这个感觉是有的。

—— 即使是男人也够怕的，女性就更怕了吧！

村上 除此以外的地方嘛，大体是作为一个人来写的。没怎么意识到是女性。

—— 所以，说那种距离的设定也好什么也好……人……恰恰是那样的嘛！我的感想是：仅以女性的人性部分来构筑，反而会映照女性。没读过那样的女人。小说可圈可点！

村上 回头看来，比方说，那个主人公是家庭主夫，太太是女医生什么的，丈夫睡不着觉而深更半夜做饭或洗衣服——即使情形这样怕也无足为奇吧？不是没有这么想过，但肯定有所不同吧？

—— 有个儿子是个关键点，虽然是女性生的、自己生的，但有那样的感觉，乃是出于和父亲视线约略不同的绝望。

村上 往下嘛，就是那位太太心目中对丈夫的厌恶感。那怕是女人才有的厌恶感，我觉得。

—— 感觉到了一种很难说是厌恶的情绪。

村上 嗯。我也时不时在家里觉得背后有那样的气息，倏一下子（笑）。

—— 倏一下子还算是好的吧？大部分家庭可是要剑拔弩张的（笑）。是的，丈夫和儿子挥手的方式极为相似啦什么的，有那样的描写。并没有把厌恶感作为厌恶感来写，以致打入读者心中无以名之的感情。《安娜·卡列尼娜》也有作用。

村上 《安娜·卡列尼娜》？是的，那也的确是写对丈夫的厌恶感的小说。估计托尔斯泰也在家里日常性倏一下子感觉出那样的气氛。

—— 过去您也写了许多男性，但像这次免色有些来历不明的"这样的角色怕是第一次吧"那样的人物，往下也可能出现在女性当中吗？还是说事关女性，仍要作为赋以必要职责的存在，作为在某种意义上神话性质的存在而出场呢？

村上 不用说，关于女性，我也想大刀阔斧塑造不同以往的角色。这次的秋川笙子嘛，虽说是配角，但在我眼里，也是过去没怎么写过的角色。我个人对她相当感兴趣，渴望进一步了解她。实际上倒是很难写到那个地步……

—— 看的是什么书呢？有兴趣啊！到底看的什么书？那已经是“无畏号级”的硬汉小说。（笑）看的什么呢？什么呢？那人看什么书呢？想象不到。

村上 《三国志》[①] 什么的。（笑）

—— 笙子女士，厉害厉害！（笑）比如女性出场时做怎样的发型啦穿怎样的衣服啦……昆德拉的小说也是这样。初次见面时从头顶描写到脚趾，让人觉得轮廓霍一下子立了起来。您的小说也是同样，出场人物的描写，很多时候都像是从服装细部开始的。但事关女人衣物，是在什么地方得到的情报？

村上 没有任何情报来源，无非兴之所至罢了。那种事我不太研究。不过，若想深入刻画特定女性的形象，服装什么的会大体自然而然明确下来。只是，是啊……也可能平时比较注意观察女性服装来着。因我本人也比较喜欢买衣服。

——《托尼瀑谷》中出现的妻子疯狂购物，是吧？虽说她最后是死于交通事故，但一想起衣服，就出现禁断症状，浑身发抖。那样的地方真是让人叫绝！

不过，这么再次听来，您是写了各种各样的女人的，很难认为女性造型“嵌在一个模式里”。当然，描写单个女性角色和描写关联性倒是两回事……

村上 那种模式嘛，老实说我不大明白。就算说“我的小说出现的女

① 《三国志》：日本习称《三国演义》，并非二十四史中的《三国志》。

性”，在我看来，那也是一个个不同的人。何况在把她们作为女性或男性看待之前，我基本上是将其作为一个人来把握的。不过这且不说，《绿兽》的太太也是相当可怕的啊！（注：收于一九九六年版《列克星敦的幽灵》）

—— 对对，她也是。

村上 唯独那里写的那个女性才有的某种残酷性，我也有切肤之感。那是有点儿独特！也许有人指责我说又在这里拿两性差别说事，可我想那种残酷性男性怕是没有的。男性当然也可以残酷，但在男性那里多少有图式化倾向。或要合乎逻辑，或一下子跳过逻辑而成为精神变态者。但女性的残酷更多是日常性的，时不时让人心惊肉跳。《绿兽》那篇东西，有很多女粉丝，不可思议。没什么不可思议？

—— 唔，我身边也有不少，也是我喜欢的作品。怎么说好呢，有一种让人不把可怕作为可怕来感觉，而作为顺理成章的东西顺利接受的地方。那样的残酷性有熟识感。

触摸地下潜藏的自身影子的瞬间

—— 好，请允许我问今天最后一个问题。您说已经没必要用话语来解释自己的作品了。但我还是想问一下您和村上作品批评分析之间的距离什么的。

去年十月您获得安徒生文学奖时候的发言，作为公开发言是最新的吧？

村上 唔，演讲来着。

—— 演讲中您引用安徒生写的《影子》那篇小说，说对于小说家最重要的是影子，是尽可能诚实、准确地写影子。不是逃避影子，不是进行逻辑性分析，而是作为自身的一部分写下来并共享那一过程的体验——这对于小说家具有根本性重要作用。

我听了也觉得言之有理。总之重要的是要在那里凝视，并且全盘接受。这我非常清楚……不过，分析或者从逻辑上理解那种黑暗，想必也是有助于了解某种关键事项的。还是说逻辑性把握和分析，作为面对影子的态度是不太合适的呢？

村上 实不相瞒，我是不太喜欢分析的。当然不是说完全不分析，迄今为止我也以我的方式时不时做了类似分析的事。不过事后想来，那基本是错误的。（笑）纳入的因素多一个或少一个，分析的结果就截然有别。再不想重蹈覆辙了，这是我的真实心情。

—— 基本是错误的。（笑）您这种地方真是不错，一点也不大男子主义（macho）。是的，您是说过不分析为好。希望看故事的时候整个儿接受下来。虽说不至于完全破解魔法，但当今时代无论对什么都倾向于条分缕析做出逻辑性解释。而相比之下，您说重要的是单纯接受，即使作为同影子对抗的方法也要接受，而不做逻辑性分析。

村上 是那样的。对事物照单全收是很需要体力的事，为此养精蓄锐也应该是很重要的。

—— 那么做本身，我想就妙得很。不过我想，例如接受影子和逻辑分析，二者果真是相悖的吗？这是我今天最后想问的一点。

村上 相悖不至于，但也不是应该兼容的东西。约瑟夫·康拉德在哪里写过：作家自以为是极为如实地写故事，而有时却不知不觉之间写了幻想世界。这是怎么回事呢？就是说对于康拉德，“幻想地非逻辑性地神秘地描写世界”和“认为世界是神秘的幻想性的”，二者是完全不同的东西，有那种自生性乖离。

—— 书写和思考有别。

村上 比如我，我没有特别认为“这个世界是神秘的幻想性的世界”。超自然现象也不很相信，怪谈啦妖魔啦什么的也不怎么信以为真。对于占卜之类也毫无兴致。那种非整合性现象也许存在于某个地方，我也绝不否定，但我认为那和我没什么关系——一种极为散文化或非精神性世界观。但是，当我要把之于我的故事尽最大限度如实写下来的时候，在结果上却描写了那种非整合性世界，莫名其妙的东西纷纷登场。这就是“认为世界是神秘的幻想性的”同“神秘地幻想性地描写世界”是两回事这一说法的意思。明白的吧？

—— 明白。

村上 这种乖离或者像是落差的东西里面，想必存在自己的影子。正因如此，乖离这东西对于我具有极为重要的意义。我写小说所做的，是想现实地、写实地把我周围的世界描述下来，如此而已。作为起因或者动机非常单纯。可实际上，越是想如实地写，越是有“骑士团长”啦“长面人”啦什么的忽然探出脸来。（笑）这一来，读者也好评论家也好，就有人认为像是神话什么的。而对于我，无论如何那都是规规矩矩实实在在的东西，根本不是什么神话。

这样，那种乖离是从哪里来的和为什么来的呢？我认为，知道这点，恐怕有助于看清自己的影子。我本身诚然现实地活在现实世界上，但地下潜伏着我的影子，在我写小说时吱溜溜爬了出来把世人一般认为的现实性东西推去一边。在这一过程中，我可能是想看自己的影子的。只是，对于身为小说家的我来说，在讲述故事当中那是可能的事，而一般人或许横竖做不到。就是说，我通过写故事而代替许多人做了那样的事，我有这个感觉。倒像是有些自作主张。

—— 对您来说，触摸自身影子的瞬间，莫非就是把支撑故事世界的所有语句填充到极限的感觉？

村上 呃，概而言之或许是的。意思不是在分析之中，而在行为里面。不用说，分析在某种程度也是重要的，但那至少不是我的职责。对于我，作为总体必须包括分析。而从行为总体切除的分析，好比连根拔起的植物。固定的分析，必然哪里含有误差，有时候是可以容许的误差，有时候则可能是极其危险的误差。至少我有这样的感觉。因而尽可能不去碰静态分析。相比之下，我努力在动态中观望流动性事物。不遗余力地填充语句，毫无疑问也是一种动态。

—— 这样的跨越为什么出现在现实性现实的自己和自己所写的故事世界之间的误差之中呢？而意识到它的瞬间也还是和影子有关。不过必须注意的是，为什么您写就有跨越性产生呢？对这时候的“跨越”部分，无论如何都不能从现实一方的理论加以解释，是这样的吧？

村上 是的，这点很重要。一旦只从现实一方解释故事，势必沦为单纯的图解，或者像专家的智力游戏似的。事关我的小说，好像常有人做分析性批评，但我不读那类东西。话说回来，那作为自立的知识战略有趣也未可知，但毕竟和身为作家的我本来的意图关系不大。

但与此同时，仅仅从精神一方解释，有时候也是危险的。甚至可能重蹈杀害约翰·列侬的查普曼的覆辙。个中平衡实难把握。但作为我，只能持续保有尽量“写善的故事”的意志。而且积极相信这一心情肯定传达给了读者。或者莫如说，除此以外我一无所能，我觉得。

（二〇一七年一月二十五日于三岸画室）

第四章

即使没纸，人也不断讲述

村上先生府上。房间挂着许多画，地毯全都那么漂亮。书房里有数量惊人的唱片，巨大的扬声器带有金属制折扇那样的东西。尽管一无所知，但看其姿态，我还是惊叹：“这家伙肯定不同凡响啊！”坐在沙发上听了贝多芬钢琴奏鸣曲第三十二号第二乐章。园田高弘、哈丝姬尔[①]、塞尔金[②]。声音无与伦比。板架上点点处处摆放着鸭形饰物。村上先生的工作台前有一扇大大的长方形玻璃窗，从那里可以看见山峦和天空。

| 日记留不下，记录数字

村上 上次采访时也准备来着，我把《刺杀骑士团长》执笔过程的便笺拿来了。我念一下以免忘记，也许可以作为什么参考。上面首先写的是：二〇一五年七月末动笔。和你为《MONKEY》第一次做的访谈是六月底，所以开始写小说是在那后面一个月。

—— 呃——，那是七月初，像是七月九日。

村上 哦，真的？那么说，那次访谈后马上开始写这本小说的。

—— 紧接着。

村上 不管三七二十一，只管写了起来（笑）。这样，第二年即二〇一六年五月十日大体写完初稿——便笺上这样写道。用了大约十个月？够快的，意外。

---

① 哈丝姬尔（Clala Haskill，1895—1960），罗马尼亚钢琴家。

② 塞尔金（Rudolf Serkin，1903—1991），美籍奥地利钢琴家，犹太人。

—— 每个月写二百页稿纸，平均起来。

村上 唔，倒也是，是那样的吧!

—— 就是说一个月营业二十天，一天十页……

村上 那期间搞了翻译，但别的事没做，头也不抬地写这部小说，时间密度相当大。不到十个月就脱稿了，随后进入修改阶段，第二稿完成是六月末。

—— 没打印在纸上，在电脑上改的吧?

村上 嗯，在电脑显示屏上改的。顺便交待一句，从《奇鸟行状录》那时候开始，我一直用 EGWord 那个日语软件。倒是很老了，可我只能用这个写小说。之后中间休息了一阵子，休养生息，然后改第三稿。第三稿脱稿是七月末。速度逐渐加快。

—— 至于二稿和三稿之间有怎样的变化，只有您自己明白……

村上 这里有记录数量变化的便笺。

—— ……真的，页数增减一目了然。

村上 喏，各章页数都记在这里。

—— 这张表嘛，①是一稿，②是二稿，③是三稿。是吧?这就是说，一开始写第一稿的时候，是从第一章到第六十四章。第一章第一稿换算成原稿纸是四十二页。这四十二页，第二稿完了时削减了八页——这样一章一章写的?

村上 一一记录在案。够认真的（笑）。

—— 那，第二章起初是五十一页，减了一页变成五十页。第三稿增加三页，成了五十三页。对您来说，这种生物节奏（biorhythm）是很重要的吧?是怎样一种感觉呢?

村上 所以嘛，改写的时候，这次基本是削减，这次基本是增加——

要定下大致方针。

—— 哦？“这次削减，这次增加”方针是怎么回事？（笑）

村上 就是说，这次修改时要以削减为主，下次要适当增加一些。每次都有各所不同的主题。

—— 每次都不一样？

村上 次次不同。不过模式大多是先一下子削减一些，再多少增补血肉上去。这样，七月底第三稿结束，开始第四稿。八月中旬、八月十五日改完第四稿。接下去再次修改，第五稿完成是九月十二日。这时说一声“好了”，把U盘交给编辑。

—— 说一声“好了”，把U盘交给编辑。

村上 是的。突如其来地，没任何预告。我不接受约稿，所以把稿交给哪家出版社，写完才定。这么着，请对方马上打印下来。那以前一直在电脑上改，这回第一次看印在纸上的字，再次修改。在电脑显示屏上看和在纸上看，感觉相当不同。改完第一部打印稿是十月五日。接着改第二部打印稿，改完是十一月十五日。那是第五稿，打印稿。

—— 打印稿是第五稿？

村上 第六稿？怕是第六稿。之后转为正式校样。

—— 往下是校样。

村上 所以，成为校样之前改到第六稿。零星修改就数不胜数了，光是从头到尾按部就班就改了六次。

—— 那是在修改版上写，还是保留下来？

村上 我的U盘上大体留有原型。过去手写的时候做不到，但现在，喏，不是都能轻易保留下来的吗？又不占空间。这么着，原稿的推移一目了然。若有研究者，也许兴高采烈。不过我不交给研究者。（笑）

顺便说一句，执笔写小说期间，我大体翻译了四本书。

—— 不得了！多大的工作量……

村上 麦卡勒斯的《婚礼的成员》说了吧？接下去译了雷蒙德·钱德勒的《重播》(Play Back)、格蕾斯·佩蕾的短篇集《那天的晚些时候》(Later the Same Day)。后来还译了一本，什么来着？对了，约翰·尼古拉斯（John Nichols）的《不生蛋的布谷鸟》(The Sterile Cuckoo)。译了四本。够能干的！

—— ……

村上 写小说当中，有时候为了逃避小说而跑去翻译那边。

—— 逃避是什么意思？

村上 就是说，思考小说不是把满脑袋塞得满满的吗？那当中搞搞翻译，脑袋会放松下来。于是逃去那边。逃避。作为逃避的翻译。和柴田元幸这么一说，柴田说他为了逃避大学的各种杂务，也是逃进翻译里边。不过他已不在大学了，我就说："那不是没有地方可逃了？"他说："没必要逃避翻译。"（笑）那个人厉害啊！比我厉害得多。

—— 柴田老师是超人啊……（笑）重新看这便笺，唔——，说如此这般推移也好创作详情记录也好，都还是和您跑步有关吧？

村上 可能。关于跑步，今天在哪里跑了多少公里，也还是记下来的。游泳也同样，在游泳池游了几个来回什么的，一一记数。

—— 好比把握小说身体。

村上 我这个人嘛，好多事说忘就忘的。所以要把怎么写小说的大致记录下来。我不写日记，自己的心理状态啦等等不会有文字留下，但至少要把事实方面的、数字方面的好好做个记录才好。倒是不会起什么具体作用，只是作为记录。

—— 不是当时想的是什么？

村上 不是，仅仅是数字、日期和数字。

—— 一向如此？

村上 嗯。我从来不写日记。不知什么缘故，日记写不来，那才叫三天都坚持不了。但另一方面，日志写得相当认真：几点去了哪里，做了什么，喝了几杯啤酒，这些数字一个都少不了。

—— 令人想起《且听风吟》的趣闻。数字式把握上面到底是有亲和性的吧？

村上 数字嘛，不必考虑啰啰嗦嗦的东西。把自己同事实结合在一起，就像用缆绳拴小船似的。

先适当跳过不写即可

—— 这次开始写长篇的时候，是怎样的气氛来着？

村上 动笔是二〇一五年七月——那是出了《村上君那里》那本书喘过一口气的时候。

—— 那里的电子邮件数量可是惊人的啊！

村上 嗯，惊人数字。来了数量多得不得了的电子邮件，反正通读了一遍，回复了很多……一共写了两千通回信吧？（注：实际写了三七一六通）总之写完之前其他什么事都没做成。写到最后，写得脑袋昏昏沉沉，眼睛模模糊糊，总算写完了，舒了口长气。随后心想差不多该写小说了！

—— 休息有点儿太少了吧？

村上 那么说来是够忙的。那之前一年出了《没有女人的男人们》短篇集。接下去，转年四月集中出了《村上君那里》，秋天要出《作为职业的小说家》。作为顺序差不多该写长篇小说了这样的念头出现在脑海。尽管开头有了朦朦胧胧的图像，但实际何时动手写长篇，不到那个时候我也不晓得。写完《村上君那里》的时候，记得去了一次夏威夷。在夏威夷舒心惬意地东倒西歪，休息眼睛。那当中不知为什么，涌起了跃跃欲试的心情："也罢，差不多该走了！"（笑）

—— 您的舒心惬意，怕是超不过三天吧。（笑）总之连轴转，工作量骇人听闻。

村上 对我来说，连续性工作类似一种爱好，很难说那是工作。所以，若问我忙吗？我就说："哪里，现在只搞翻译，谈不上多忙。"

—— 村上式休息就这样告一段落。

村上 长篇写作的启动，不是"好咧，开始！"而是"也好，试试看吧？"那种感觉。从轻松试写那样的东西开始。这么着，故事就较为自然铺展开去，很快真正进入故事创作之中。

—— 能知道最终会成为多大篇幅的小说吗？

村上 大体知道，根据当时的心情。长篇，这本书是两千页[①]，但作为感觉，知道可能超过一千页、一千五百页。唯一不知道的，是《挪威的森林》那时候。本打算写个中篇，结果意外之长。毕竟在我的小说当中类型稍有不同。一般说来，动笔的时候——既然动笔了——那么走到哪里大体心中有数。

—— 这本您估计是两千多页来着？

① 两千页：稿纸页数。出版后第 1 部、第 2 部书页合计为 1048 页。

村上　交给编辑之前一共砍掉了三百页左右，大概。

—— 那个过程，在这一览表里。

村上　写起长篇来，无论如何都要写过头。全力以赴，而且前面写过的忘了，又写一遍。这样，势必过长。

—— 校样出来之前的阶段一直改到第六稿，反复增删，以为正相合适了，可校样出来后还要修改？

村上　校样动了几回，初校、二校、三校……交印前那校怕是最后吧！

—— 那么，一共……十校！（笑）

村上　啊，那个程度的是家常便饭。这回算是少的了，我想。

—— 长篇一定要这么校？

村上　不校到那个程度是放心不下的。长篇这东西，整体构成的平衡复杂，还有整合性、事实关联。光我不行，还要请好几个人仔仔细细读一遍。

—— 例如这本小说，因为画家是主人公，涉及细节，还有需要专业调查的描写出现。您是一开始就把那样的场面也写进去还是……？

村上　一开始写得没那么细致，大体按头脑中的想象来写。细微地方往后查阅订正即可。比如日本画画家不把画笔叫刷子什么的……

—— 那种地方（笑）。

村上　起初几乎全靠想象过关。画家是怎么画画的啦，有生以来我从未画过油画什么，所以技术性的几乎一无所知，但还适当写下来。利用维基百科什么的，能够轻易查到的就确认一下，但尽可能不去看那样的东西。

—— 尽可能不去看，那可事出有因？

村上　因为还是自己想象的容易写——“是这么回事吧？”如果把种种

细部都拉进来，那么细部就占了很大篇幅，文气有时就流不顺畅了。初稿反正必须以行文气势把故事推向前去，所以尽可能不让脚步停下来。细部往后任凭多少都能调整。再说，不明白的地方新潮社的校阅部会帮忙的。

—— 两千页原稿一会儿近看一会儿远看，那么翻来覆去当中，对原稿的自信会不会忽然消失呢？或者，“噢，写这么长……说不定除了我没人会写这么百无聊赖的小说”。——不会这样感到不安吗？

村上 不会。

—— 一直有充分自信那样的东西？

村上 有的。没有自信就写不成长篇小说。

—— 写的过程中也？

村上 嗯，写的过程中没有怀疑什么的。写完了，回头看写的东西，“啊，这里不大合适啊！”那样的地方就浮现出来，有时候就要大幅改动。但写的过程中想那么多就没办法写了。反正只能满怀信心地写下去，毫不犹疑地勇往直前。

——“会不会砸锅呢？”这样的念头全然没有？

村上 没有。写到中间，心想糟糕而返回重写那样的事是没有的，记忆中。

—— 目的地已然明确，直奔而去？

村上 既已开始，只能奔去，义无反顾。因为写完怎么修改都无所谓，所以反正就要追赶故事浪头，一直写到最后。

—— 初稿和交到编辑手上的两千页相比，内容有多大程度的不同呢？对此了然于心只有您村上先生……

村上 不同的地方也有几处。举个例子……有个插曲说这个出场人物在这里做什么了，但到底似乎和故事流程不吻合。于是变更为他（她）没做那件事，或者换为另一插曲——这种情形每每出现。但是，主流不至于因此改变。这在技术上怎么都能处理。

—— 印象也无变化？

村上 我想没多大变化。毕竟是技术性的。

—— 那恰恰是说您有这部小说的理念那样的东西，一开始就抓住了没再改变？

村上 呃，只要抓住故事主线，就大可放心。修改是我的拿手好戏，转眼之间就改完。

—— 总之，十个月时间写了两千多页，平均每天计算起来是没多大意思，反正每天写十页左右。

村上 嗯。

—— 细部怎么样呢？那里写得开心啦、这里写得顺手啦——回忆起来可有难忘的地方？

村上 没有特别的。一天天只管闷头写作。

—— 没有？全都那么均衡？比如这里写得开心啦什么的。

村上 那个嘛，想不起来啊！

—— 真的没有什么？两千页，十个月，比方说……

村上 因为喜欢写对话，所以骑士团长说话的场面啦，还有和雨田政彦的交谈啦，那样的地方写得轻而易举一路畅通。问是不是写得开心，我倒不大清楚，但至少不至于搜肠刮肚。

—— 骑士团长“无有”那类奇妙的用词方式，想必是和角色同时出现的。那样的地方真是妙不可言。（笑）《麦田里的守望者》里霍尔顿的老师的呻吟，您译为“噢——唔”，让人难忘。

村上 那个嘛，感觉像是信手拈来。

—— 用嘴巴试着说来着：“那个无有的哟！”

村上 不至于说出声来吧？岂不活像傻瓜似的。（笑）那东西，必要时候自会不请自来，用不着一一深想。深想不会想出好东西。不过嘛，对一般人也许意外困难，难免深想。

—— 珍惜自然流程。

村上 反正，就算觉得哪里有点儿蹊跷，也照样前行不误：“也罢，能明天想的就明天想好了！”只要不假思索地断然前行，事情总会解决。

—— 那么就是说，这两页姑且写了，事后细想就是。感觉上？

村上 是那样的感觉。反正尽量回避深想。

—— 相反，行文忽然放慢或变重会是怎样的地方呢？

村上 仍是叙述部分。叙述部分写起来有时相当吃力。读的人也同样，对话部分可以读得顺风顺水，可是到了叙述部分，就要在一定程度上打起精神来读。毕竟那里写的可能是重要事项。作家也分两种，一种孜孜矻矻密密实实写叙述部分，感觉像是存心让人用力死读。另一种担心读者吃不消，写起来适可而止。

—— 好心。

村上 是的，热心肠。相对说来，我大概算是热心肠作家。上回说了，心想只要把“和胖邮差同样罕见”那样的修辞放进一两个，读者就会心情放松。让人心情放松的感觉相当重要。如何调配，是作家的实力表现。

—— 如果出于热心肠而觉得“这里需要什么”，即使预感会多少吃力，也要非写不可的吗？

村上 写起来吃力的地方，嫌麻烦，适当跳过去。

—— 跳过去。

村上 比如说，这里需要描写这个房间。而若从头一一写起，脑袋就咕嘟咕嘟煮成一锅粥，所以姑且顺水推舟地写一通。例如心想这里本应该用四百字稿纸描写两页半，那么就先写两页半。反正不管不顾地用字填满必要的空格，没必要考虑往好里写。过后修改的时候，再酌情削减或充实，一丝不苟地修改细部，注入美好的温情，发挥精彩比喻的作用。要想一天写十页，不适当跳过棘手地方，身体承受不住。

—— 说得好！这回我可真正放心了……可也够不可思议的了！每天务必写出完美无缺的十页，那怕是绝对做不到的吧？（笑）

村上 要想每天完成十页定稿，那是难以如愿。

—— 是吧是吧！大体明白了这里要写两页半是怎么回事了。

村上 小说这东西是一种呼吸，只要掌控好呼吸的平衡即可。这里要有两页半描写，只要纳入脑袋里的进度表就可以了，反正写出两页半，写什么都无所谓。

—— 在呼吸掌控当中能写多少写多少，刷一下子。

村上 刷一下子一挥而就。事后回头读起来，也会意外觉得："啊，这还不错嘛！"

—— 意外出彩（笑）！那部分要在电脑上做个标记吗？

村上 不做。记在脑袋里。这是因为……啊，有一点忘说了。我说一天写十页了吧？不过，早上起来面对电脑，要先把前一天写的部分打开，重读这十页，把乱七八糟的地方多少弄得平整些。

—— 那大体要花一个小时？

村上 花不了那么多。

—— 三十分钟左右？

村上 不不，还要短，十五或二十分钟，也就那样吧！补充不足的地方，削除多余的地方。不那么磨磨蹭蹭花时间，轻轻松松一带而过。把握那个流势之后，就开始处理今天的定额。感觉上不是电视连续剧“上集故事梗概”那样的东西，而像是“Previously on Breaking Bad…”。和那个一回事。第二天又把今天写的部分再次梳理一遍……天天这样周而复始。海明威也用同样方法写作，一次在哪里读过。

—— 可那一来，在日常层面也有修改，又一稿、二稿、三稿，最后改到十稿，是吧？（笑）

村上 嗯。

—— 短篇不至于吧？

村上 短篇当然也照样。只是，短篇重读不花时间，不会像长篇那么让人筋疲力尽。

| 好像开始了新的第一人称世界

—— 这次的《刺杀骑士团长》，说起房子和房间的细部描写，主要是免色豪宅。莫不是您想写一次那样的大宅院？

村上 不，不是那样的。那是免色住的房子，也是故事的重要舞台，必须在一定程度上充分描写——不妨说是不得不写的，我对房子和建筑物没什么特殊兴趣。那座房子大，光是布局和方位就够我考虑的。（笑）

—— 不得不写的，感觉上？

村上 嗯。写到中间自己也搞不清布局了，校样阶段被责任编辑指出矛盾的地方，改得我好苦。毕竟是大学建筑专业出身的编辑。

—— 车的描写也不少啊！

村上 呃，捷豹什么的，实际坐上去研究来着。捷豹那东西没有开过，写完小说去了二手车店，求人家让我试开，以便确认有没有差错。坐上去一开，车十分了得。十几年前的车，价值也相应，真想弄到手来着（笑）。倒是没买。觉得要是买了，说不定成为免色……

—— 这本书的主人公三十六岁。以前您的小说也多是三十几岁的。但多崎作住在父母给的自由岗公寓里。这么着，觉得三十几岁主人公的眼光慢慢变高了，同年龄相比。

村上 眼光高了？指的什么？

—— 高了。举例说吧，去免色家做客时，端上来的盘子，一下子就知道是古伊万里的。通过以目跟踪房间布置的描写，让人觉得他很懂东西的价值。而这就《奇鸟行状录》的冈田亨来说，似乎就不太识货了。他对有钱人的价值观那样的东西，是作为自己身外之物保持距离的。但从多崎作等人开始，渐渐有了富裕阶层气息。这本书的三十六岁的“我”也不例外。或许没钱，但目光刷一下子就盯上车、盯上家具、盯上地毯、食品……这样的感觉，说明眼光已经高了，懂得许多东西的价值了。雨田政彦的音乐情趣也是这样。这回的“我”，以女性看来，感觉好像是订阅《家庭画报》和《Mistress》[①]之类。至于男性杂志，倒不太晓得用什么比喻。

村上 唔，那么说或许是的。

—— 主人公大多是三十五六岁的男性，您举出的原因，是三十五六

① 《Mistress》：杂志名称。女士，太太。作为日语外来语多指后者。

岁引水员式的不知往后如何变化的年龄。是吧？即使那里面，主人公身上的文化氛围啦具备的教养啦什么的也在慢慢发生变化。若是《奇鸟行状录》中的冈田亨，目光未必那么敏锐地投到车上去。无非觉得车很大，看上一眼，再迅速来一个足够挖苦的酷酷的比喻。（笑）这样的变化，作为读者读起来极有意思。用第一人称来写，讲述者看什么、向读者传达什么，这是关乎小说世界观的非常大的要素。即使在这个意义上，和以往的第一人称小说相比，气氛也多少不同。

村上 例如钱德勒长年累月以菲利普·马洛为主人公写长篇小说，马洛也一点点增加年龄。年龄本身的设定没多大变化，可是角色给人的印象，随着年龄的增长而一点点圆熟、老成。在早期小说中相当粗暴，不无地痞无赖意味。而在后期小说中，却一步步老成起来，开始变得深思熟虑了。看透人生那样的色彩也相应浓了起来。不用说，这也反映作者钱德勒自身的变化。

此外还有一个有名的马洛，康拉德《黑暗的中心》和《吉姆爷》中的讲述者马洛船长也随着年龄变化，其气质和对事物的看法也逐渐发生变化。我虽然不像他们那样以同一主人公写系列性的东西，但以第一人称单数这点来说，年龄变化之类想必也还是有的。因为我的视角同样难免混进主人公的视角。

这样，我写这本小说的时候毫不犹豫地选择“我”这一人称。一开始就打定主意：这回只能以“我”来写。以前我写的小说的第一人称，总体上都是“我”，是吧？而且，以前我使用“我”这个第一人称和这次的“我”这个第一人称之间有一定距离。那种距离感在某种程度上也是刻意的，同时又是自发的。这或许就是你所说的“变化”。

—— 这次采访一开始也听您讲了第一人称“我”。对现在的您来说，

“我”这个主人公开始写“我”，像是十分水到渠成……

村上 唔，觉得如果不是“我”这个主人公，这本小说就难以成立。最初选择第一人称的时候，这本小说的性质就好像已经完全确定下来。

—— 用哪个人称写，直接关系到整个故事世界的氛围。

村上 以我的感觉来说，总体上“我”是观察者。“我”这个人，例如《寻羊冒险记》那个阶段是很典型的，被周围种种强大的力量引领着折腾着。可是这本小说的“我”，尽管也被引领着折腾着，但怎么说呢，多少是……

—— 冷静的。

村上 观察，而且具有设法守护、保持自己立场的坚定意志。因此，较之《寻羊冒险记》第一人称的“我”，开始多少有了社会性。这方面稍有不同，我想。

—— 性格也不一样。

村上 所以，写过几部第三人称小说，如今返回第一人称，却又觉得并未返回同一地方，好像开始了新的第一人称世界。

—— 您用“我”写小说的时期不是很长的吗？甚至有人说村上小说第一人称的“我”是最大的发明。相当特殊的啊！

村上 也许。对于我倒是较为普通。

—— 我想这也跟主人公对人对物的态度大有关系。有第三人称效果。反过来说，正因如此，才对活得酷酷的主人公怀有憧憬之情，也能同时把自己照射进去。接受《MONKEY》采访的时候我也把“我”具有如此功能这点讲了出来。那种由“我”讲述的世界里有一首主题曲在很多村上主题曲中是很重要的，表现出含有唯独对那个“我”才可能的“责任暂缓履行期”和娇宠构造的痛切感——只能说是痛切感。是吧？

村上 是的是的。

—— 读者怀念那种痛切感，都说还是早期的好。和时代无关，一九九〇年代也好二〇〇〇年代也好，任何时候都会紧紧叩击在难以自拔的痛切感中活着的人的心弦。您本身不想再次用那时的“我”那样的感觉写点什么、不想再次领略那时的空气感吗？

村上 不想。我没有那种恋恋不舍的感觉。如果问我：“现在能把你退回到三十岁，想不想退？”我只能回答：“不，可以了。那东西、一次足矣！”二者可能相似。

过去写的书老了，没办法重读

—— 接受《MONKEY》采访那次，记得问您：“有没有因为采用第三人称而失去的什么？”您说不重读已经过去的东西。……

村上 不重读的。

—— 实际上读一点点的吧？（笑）“还是我厉害，不得了！”没这么觉得？

村上 没有没有。所以嘛，《镜》和《四月一个晴朗的早晨》那类短东西是为了朗读才回头读的，有时要修改以便容易朗读。此外基本不读，觉得不好意思。

—— 把《奇鸟行状录》什么的从书架上漫不经心地拿在手上，啪啦一声翻开，“啊——，这种张力……破城突围的到底是我！”这样的感觉没有？

村上 真不重读的，不骗你（笑）。

—— “剥皮场面，世界第一！”什么的（笑）。

村上 没有没有！时不时在哪里读得什么文章，心想：“嗬，相当不错的嘛！”原来那部分是从我的小说里引用的。这种情形是有的。

—— 且慢！（笑）哦，是读什么当中发现好文章是自己的文章来着？（笑）

村上 不是要啪啪啦啦翻看文艺刊物和杂志什么的吗？那上面有什么霍地闪入眼睛，“噢，蛮好的嘛，谁写的？”结果是引用自己过去写的文章。（笑）

—— 有意思。（笑）引用得相当长吧？

村上 唔，相当长的引文。

—— 没能马上看出是您自己的文章？

村上 没有，没那么容易。过去写的东西，不可能一一记得。

—— 或者莫如说您真的什么也没记得。不过话说到这里，开始觉得您的确什么也没记得了。

村上 呃，确实忘得一干二净。不是接二连三写新东西吗！过去写的，不可能统统记得。怎么可能呢！

—— 一旦温习这部分，您就把写过的事忘了。出版后过了一段时间，兴趣就没了。进一步说来，只对正写的东西感兴趣，只对“写”这件事和发掘它感兴趣。别人的评价也基本不放在心上。既不事先考虑故事本身是什么，写完后又不综合解答或概不考虑有何意义。

村上 基本上。

—— 这一来，觉得村上先生您……像是索性任由故事通过的器官（笑）。

村上 不过不是什么了不得的器官。

—— 总好像让人觉得是那样一种存在。

村上 或者莫如说只要一读前不久写的东西，就觉得“已经老了啊”！

—— 老了？

村上 比如读五六年前写的东西。一读就觉得什么呀老了哟！

—— 是就局部而言，还是全部？

村上 全部。和时装一个样。“这已经是五年前的了！”觉得不适合了，于是心想既然那样就写新的好了！

—— 就是说新写适合的就是。

村上 嗯。例如《奇鸟行状录》，如今回头读起来，作为我觉得有些老了，读不下去。

—— 所谓“老了”，感觉就是说现在不会那么写？

村上 是的是的。若是现在，想必使用不同的语句，有不同的展开，我有这个感觉。

—— 不是说主题老了，出现的东西老了，不是这些？

村上 不是具体主题和布景什么的，像是皮肤感觉也未可知。

—— 表现在细部上？比如人物造型某个小地方？

村上 过去，还是大学生的时候，读过评论家马丁 · 威廉姆斯采访迈尔斯 · 戴维斯（Miles Davis）的报道。戴眼罩放唱片听其感想。当时放的是迈尔斯 · 戴维斯本人的旧唱片。曲子大概是十多年前演奏的他的原创曲《Swing Spring》。结果，迈尔斯问：“这个、蛮不坏嘛，谁演奏的？谁的曲子？”采访者回答：“这个、是你十年前演奏的你自己的曲子。”“哦，我不记得有这东西啊！”读了，我心想这家伙又在扯谎（笑）。信口开河装腔作势，怎么可能呢？毕竟《Swing Spring》是名曲嘛！怎么可能一下子忘掉？但最近转而认为迈尔斯真可能忘了。

读的时候倒是难以置信：扯谎！无可救药！

—— 但现在理解了他的心情（笑）。

村上 与其说理解了，莫如说转而认为那种事也可能有的。迈尔斯怕是真的忘了。

—— 那种“老了”的感觉，是最近才有的？还是大体较为早期开始就有的？

村上 某种程度上过去就有。但随着年龄的叠加、离过去越来越远，感觉可能更明显了。对自己以往写的东西实在提不起兴致，几乎完全不重读——这么说倒是也很少有人肯信……

—— 短篇也不重读？

村上 除了用来朗读的时候不重读。当然也并不是说认为自己写的东西无聊透顶一文不值。尽心竭力写的手感至今仍留在身上，也对此怀有类似自豪感的东西，得到夸奖当然高兴。看见自己的小说时隔三十年仍没绝版而摆在书店书架上，很有庆幸之感，也感谢读者。理所当然，作家嘛！但另一方面，的确上不来情绪重读自己写的小说。

—— 例如您曾说过，让您举出自己心目中往日最佳短篇的时候——不限于卡佛作品中的——您还是举出卡佛的《家门口就有这么多的水》（So Much Water So Close To Home）——别人的小说，任何时期的您都一直读，是吧？却不能以同样的感觉读自己过去写的小说……

村上 别人写的东西和自己写的不一样。

—— 对别人的小说，既然能作为这个时代那个时代的作品心平气和地看待，那么也该能够同样评价自己的写作履历或小说才是，而您做不到？

村上 自己写的东西难啊！比如卡佛的《大教堂》啦面包房的故事[1]啦《家门口就有这么多的水》等等，现在读也觉得出类拔萃，无懈可击。而自己的小说，无论如何也选不出自己写的短篇最佳前三来。即使选得出，读了大概也还是让人心焦意躁。

—— 心焦意躁？……没有足以认为完美无缺的？

村上 我想没有。同一故事，如今也会写得不同。

—— 唔——

村上 只是，即使以现在的感觉和现在的技术重写自己的短篇，我想读的人也未必就觉得变好了。那终究是我自身的感觉问题。所以尽可能不重读。读了，无论如何都想动手改动。

—— 收录的版本改换的时候，短篇以相当大的概率加以修订……

村上 那种情况也是有的。收入讲谈社的全集的时候，重写了几个短篇。原始版本倒是不动，但全集里的，就以任选其一（alternative）的感觉做了修改。

——《眠》也在写作“ねむり[2]”的时候重新写了一遍，《去中国的小船》也是。读起来，还是不由自主地非改不可？

村上 嗯。只是，也有的短篇懒得再读第二遍了，就那样原封不动。或者不如说大部分如此。

——《下午最后的草坪》也是（注：收于一九八三年版《去中国的小船》）。

---

① 此处指卡佛的另一部短篇小说作品《好事一小件》（A Small, Good Thing）。

② ねむり：“眠”（眠り）的日语假名写法。

村上　那也有点儿无法重读。

——　好有意思啊！读者与作者的错位。说理所当然也是理所当然，同一作品，评价却截然不同。不，不是同一作品，在那种意义上。

村上　和过去的自己自身相对，有时是很难受的事。读者的立场和作者的立场，差异可能相当大。比方说，有人尽管是英俊的男性或美丽的女性，却不愿意照镜子看自己的长相，说看的全是不顺眼的地方。而旁人看来哪里都好看。也许和这个稍有不同，但看自己自身和由别人看是两回事。

——　这个原理，我觉得也存在于“改写”。

村上　《去中国的小船》和《穷婶母的故事》，在杂志上发表时改写得相当厉害。（注：均收于前面的短篇集）那时还是新手，不大懂短篇的写法，反复摸索反复出错。

——　读了写《穷婶母的故事》当时的访谈，您说和编辑交涉了好几个回合。很少听说编辑和您就原稿促膝交谈的情形，心想那样的时代也曾有过啊！谈的是《穷婶母的故事》吧？莫非有什么特殊情况？

村上　完全不记得啊！

——　又忘了（笑）。

村上　不记得是不记得，但那时候跟编辑来回交涉还是有的。“这里这么写是不是更好”啦、“这里希望多写一些”啦等等。《去中国的小船》发表在《海》[①] 上，《穷婶母的故事》是在《新潮》上发表的。《海》由安原显任责编，《新潮》责编是铃木力，这个那个没少交涉。

① 《海》：小型文艺刊物名称。下面的《新潮》是新潮社（出版社）主办的大型文艺刊物。

细节倒是忘了。啊，安原好像对小说内容没表示什么意见，感觉上似乎是：噢——，随便写好了，无论什么。他是那一类型。中意了就照单全收。不中意就一概拒绝。记忆中，曾和铃木力在神宫球场外野席并排坐着看稿来着。十月日程消费游戏（笑）。

—— 那种情形持续到《寻羊冒险记》吧？

村上 唔，是到《寻羊冒险记》为止。后来除了个别例外几乎不被说什么了。

—— 从初登文坛到写长篇之间的新手作家，一般都是这样，都说是在交涉当中写完长篇。

村上 嗯。从那以后，和编辑就原稿内容的交涉就一年比一年少。小说写法方面，我个人的风格和体系之类也稳定下来。这样，就出现了往下只能自己思考自己负责的状态。在《群像》上面刊载《寻羊冒险记》的时候，编辑方面提了种种样样的要求。因是现在我才说，以我的眼光看来，有很多需要打问号的东西，这个那个焦头烂额。因此，后来我决定长篇小说原则上一律现写。因为我写的长篇小说和别人写的脾性相当合不来，只能一个人琢磨梳理。就算别人不能理解不能帮忙也没关系，只要不打扰就行。就是这样。

—— 前面也提到了，有所谓“文学主流”那样的东西，您处于支流。以那种状况在文艺刊物上发表长篇或大型作品，有时难免和那一时期的文学模式发生摩擦，是吧？

村上 是的。所以，已经厌烦文艺刊物的稿约，几乎彻底放弃。短篇某种程度在那上面发表，长篇一逃了之。

—— 当时您已有读者跟了上来，即使不立足于文艺刊物而靠现写的单行本长篇也感觉做得下去，想必。

村上　啊，还不至于那么心中有数。也巧，新潮社希望我为“纯文学新作”系列写点什么，于是写了《世界尽头与冷酷仙境》，自那以来一直走现写的路子。这样的做法对我的脾气。

对了，关于《去中国的小船》我想起一件事来。短篇集《去中国的小船》收有一篇《纽约煤矿的悲剧》吧？那不是刊载在文艺刊物上，是在《Brutus》上面发表的，约稿。当时的《Brutus》是发表短篇小说的。写完交给责编，责编打来电话说：“村上先生，对不起，这个、我们的杂志好像不能刊发。”我问为什么。“题目是比吉斯（Bee Gees）[①]歌曲的名称，而比吉斯已经落后于时代了。”我回答说比吉斯落伍了，理由倒是够怪的！我应道明白了，没关系的。毕竟被《Brutus》拒绝了也还可以转到其他杂志。不料过了一会儿，对方又联系说：“抱歉，还是请让我们刊发吧！”原来是总编的意思。这样，最后在《Brutus》发表了。那个短篇，后来被翻译出来发表在《纽约客》上。不过险些被《Brutus》退稿，以题目“落后于时代”这个理由。（笑）

——　题目落伍还是不落伍……感觉非常八十年代。（笑）在那当中，《世界尽头与冷酷仙境》的写作是一大转机。

村上　是那样的。这本书的责编 M 君是个多少与众不同的人，我用《世界尽头与冷酷仙境》这个书名交稿，他说：“这、书名太长了，不能只叫‘世界尽头’吗？”这可有点儿……（笑）。

——　内容果真读了不成？（笑）

---

① 比吉斯（Bee Gees），20 世纪七八十年代迪斯科全盛时期最成功的乐队之一，由大哥 Barry 和双胞胎兄弟 Robin、Maurice 三人组成。

如同斯普林斯汀的自问

—— 这倒也罢了，您本来具有“自己事自己做的精神”，大学在学期间就开酒吧也是那种表现。说是性格也好什么也好，反正一条道跑到黑，够厉害的！不和谁打成一片，不依赖别人。

村上 与其依赖别人，莫如珍惜自己的直觉，这样做事更能顺利——我大体有这样一个基本方针。再说我也不大适合协同作业。

—— 比如小时候需要大家一起做的体育运动您可做了？

村上 棒球什么的当然也玩了。可你要问是不是穿统一队服玩的，那不是的，不那么玩。

—— 不那么玩？

村上 不那么玩。是和附近孩子们玩足球游戏，但不喜欢像模像样穿着队服玩。

—— 从小就不喜欢从属于什么、不喜欢在规则里面活动？

村上 不喜欢，明显不适合。

—— 从一开始。

村上 嗯，只能说从一开始。啊，也可能跟独生子这点有关……

—— 可也不是所有独生子都那样，也有和大家一起快快乐乐做什么的人。

村上 那是。

—— 不愿意被别人说什么？基本上。

村上 不，对别人说什么我是侧耳倾听的。不是多么自以为是的人，别人说了什么，还是倾听和思考的。可是一旦觉得合不来，就再也不听了，自己干下去。

—— 觉得和这个人合不来的时候，想必是出于直觉。在某种意义上，我想一看长相就知道那种情况也是有的。（笑）还是说并不是那样，而是交谈当中感觉到的？是在什么火候上知道和这个人合不来的？

村上 合得来的感觉几乎没有，这东西不用怎么考虑。当然不认为自己完美无缺，错误也犯了很多。但我的想法同别人多少有所不同，所以老实说来，几乎没有觉得别人的建议有用的记忆。我说卖酒吧当专业作家的时候，周围所有人都反对，说那不可能顺利。（笑）只是，刚才也说了，假如说这里可能还是修改一下好，反正我是会努力修改的。对人家指出的地方大体修改一下。即使不言听计从，也要以某种形式加以改动。

—— 那怕是那样的，毕竟是那么做过来的。

村上 过了那一时期，编辑就差不多不再说什么了。在那一时期之前这个那个提了不少建议，有的接受了有的没接受。而那一时期一过，就马上不吭声了。

—— 希望说什么的心情多少是有的？

村上 没怎么有。

—— 没怎么有！（笑）

村上 习以为常了。只是在事实方面，能被具体指出“这里怕有点不对头吧”，那是非常求之不得的。这个世界上不知道的事太多了。至于小说流程啦平衡啦这类大的东西，还是只能按自己的想法干下去。

—— 自家领地。就这个再说几句。比如您要出新作了，那时候还没等读就有几十万本预订进来。

村上 好像是的。

—— 那是怎样的心情呢？看了？《疯狂的麦克斯：狂暴之路》[1] 那部好极了的电影……里边出现的不死乔、渴不可耐的大地正是出版界本身，就好像出版社、读者和代销店哇一声欢呼的地方有水哗啦从天而降。（笑）我想便是那样的感觉……

村上 看了，没厉害到那个程度。不过那个数字嘛，一旦过了十万，往下怕没什么区别的吧！（笑）

—— 过了十万就没了区别？

村上 嗯。比如神宫球场顶多能进三万人。这样，去东京体育场，也不过是四万五千人左右，一眼就能看出。不至于心想"进来这么多人啊"或"大家真有闲工夫啊"。可是，一旦超过十万人，一眼看去那个感觉就消失了，是吧？

—— 不可思议啊！东京体育场的演唱会，例如保罗·麦卡特尼公演我去来着，简直人挤人。就像佛像的螺形发似的，几万人全都紧紧挤在一起，分不清哪个人是哪个人。可这也才四五万人，而若是十万，到底不得了！想到如果这里所有人都拿一本书……

村上 说到底，我根本没想到自己会当上小说家，也不是特别想当。或者莫如说做梦都没想到。不料阴差阳错成了这样子。自己是小说家这件事本身是第一惊；起初是一边做买卖一边像搞副业似的写小说，一来二去成了专业作家，这是第二惊；书在海外卖得那么好是第三惊。不过是一惊又一惊叠积起来罢了。事到如今，再想什么也没用。怕是这么一种感觉。

—— 从最初一惊开始，一惊又一惊叠积当中成就了现在的您……那

---

①《疯狂的麦克斯：狂暴之路》（Mad Max：Fury Road），2015 年上映的恐怖片。表现因水资源短缺而引发的血腥战争。不死乔为影片主人公。

么，“我也成了这样的世界性作家”这样的切实感受呢？

村上　没那东西。只是时不时觉得真是莫名其妙。我像一般人那样在那里走路、坐地铁坐大巴、进店买东西，没意识到自己有什么特殊。只是时不时蓦地产生奇妙之感。

——　但我还是要再问一句，抚今追昔，没有“我到底了不起，非同一般”这样的心情？还是有的吧？多多少少。（笑）

村上　啊，没有，没那个。（笑）近来读布鲁斯·斯普林斯汀的自传《为跑而生》（Born to Run），这样的地方他也大同小异。“我为什么在这里？”他一直这样自问。现在搞现场演出，人也还是蜂拥而来。和我同岁，今年六十八了，至今仍现场演唱《人潮冲浪》（Crowd Surfing）。（笑）“在新泽西州清冷的街头，谁也不搭理我，女人也对我不屑一顾。度过如此人生的我，为什么成了这样的世界英雄？”他自始至终都在这样自己问自己。那本自传虽然很长很长，但这样的心情一直持续到最后。我想那一定是他原原本本的心情，而不是对外故弄玄虚。

——　您也有同一心情？

村上　当然有。噢，当然不至于到斯普林斯汀那个程度。

——　没觉得有什么弄错了？

村上　弄错不至于，（笑）只是不可思议。

——　不可思议，而不是弄错。这里是关键。（笑）那么，“不可思议啊”那种心情里面，“哪里哪里，还没冲上顶峰”那样的心情可是有的？

村上　没有。

——　再没有了？

村上　再没有了。或者莫如说一开始就没有。

——　还是新手的时候……啊，不过，人总是这样，总有下一部作品要写得更好的心情。心情的确不够好。小说家就是这样。因为小说家的野心到那里才能打住。

村上 往下嘛，有一段时间在日本被乒乒乓乓敲打个没完，心想只能到外国去，就使性子出国了。

—— 那是个现在很难想象的批评声音走强的年代……那么，对于所谓敲打自己的人，“哼，看现在的我，其奈我何？”这样的心情呢？

村上 唔……现在没有的。

—— 一点点可有？对了，以居高临下的好意视线……（笑）

村上 哎呀呀，那个时候，“做给你看看”那个心情的确是有一点儿的，但实际做起来，那种心情就消失了，真的。毕竟做什么也好，努力做成什么也好，不想看的人是一概视而不见的。这种事单单一想都纯属消耗——明白的无非仅此一点。

—— 所以，说到底不是什么谁胜谁负的问题。一旦到了某个点，“胜负场”那东西本身就消失不见了。也罢，那东西一开始就没有的……

村上 是啊，不是什么胜负问题。自己能写小说、能一定程度上在小说中获得满足，那是完全无可取代的幸福。数字什么的想也不顶用。喜欢写小说的时候只管写，又能以此维持生活，光是这点就觉得很幸福了。毕竟一般说来是很难做到的。

我不过负责产业链的生产罢了

—— 话稍为说回来。住在日本在许多意义上让您渐渐觉得憋屈起来，加上另有种种想法，从而打算出国——您时常讲起这样的插曲。想必也是为了换个环境集中精力写作。但与此同时，您一直喜欢读的作家，菲茨杰拉德啦昆德拉啦——您想成为他们那样跨越语言障碍写出在世界上被广为阅读的小说的作家。这样的愿景您是有的吧？

村上　没有。或者莫如说没工夫想到那个地步。去意大利前不久，阿尔弗雷德·伯恩鲍姆说想翻译我的小说。那时我想，自己的小说就算翻译出来，在外国也未必受欢迎。就说："也好，想译就译吧！"便是那样的感觉。

——　译者主动提议？

村上　正是。译者说能不能让他译。那是写完《世界尽头与冷酷仙境》之后的事。后来埃尔默·卢克（Elmer Luke）作为编辑进了讲谈社国际部（KI），埃尔默和阿尔弗雷德合作，打算首先作为英语文库从那里出《且听风吟》和《1973 年的弹子球》的英译本。

——　最初是 KI 出的？

村上　伯恩鲍姆译了《且听风吟》和《1973 年的弹子球》，接着译了短篇小说，结果卖到了《纽约客》，作为我吓了一大跳。

——《纽约客》最先刊登的是？

村上　什么来着……《眠》？《电视人》？

——　是一九九〇年的《电视人》吧？好像。

村上　不错。那个能在《纽约客》上露脸，惊得我目瞪口呆。毕竟是《纽约客》嘛！《纽约客》是我最最喜欢的杂志，那上面能发自己的小说，实在难以置信。

——　那时已经和文学经纪人宾基（阿曼达·厄本）[①] 合作了？

---

① 阿曼达·厄本（Amanda Urban），美国知名文学经纪人，Binky 是她的昵称。

村上 没有，还没和她见面。

—— 即使日本也已有了动向，例如您的朋友柴田老师要翻译您的书。我听说过，搞翻译的人里边也有很多您的粉丝，都想翻译您的作品。

村上 归根结底，事情是因为《纽约客》发了短篇而动起来的。也借此势头见了宾基，和克诺夫出版集团（Knopf Publishing Group）也建立了联系。我去海外并不是想在海外推销，仅仅是想离开日本。我也并没有做什么。事情便是以那样的感觉自然动了起来。

——《纽约客》之前您的英译也在小众文艺刊物上刊发过。但通往单行本市场的流程，《纽约客》刊发作品的因素很大。

村上 的确，突破口是《纽约客》。《纽约客》的存在很有分量。当时的总编是罗伯特·戈特利布（Robert Gottlieb），是威廉·肖恩（William Shawn）的继任者。他十分欣赏我，非常欢迎我到出版社去，领我把出版社到处参观个遍。这事我记得很清楚。后来出了《寻羊冒险记》，约翰·厄普代克为《纽约客》就我写了很长很长的评论，那也让我高兴啊！我在高中时代读了他的《马人》（The Centaur），很受感动。后来见了他一次。已经去世了。

——《羊》最初出版是……

村上 首先是由讲谈社系统的KI出的。当时我住在罗马，之后搬去普林斯顿，KI在美国出了我的书，《纽约客》刊发了我好几个短篇。如此这般，我的名字渐渐为人知晓。接着我被介绍给了宾基。

—— 那时已经找经纪人了？

村上 搬到美国后开始找经纪人，见了几个人。结果宾基最可我心意。大家都说她作为文学经纪人再好不过。还见了克诺夫出版集团的桑尼·梅塔（Sonny Mehta）和加里·费斯克强（Gary Fisketjon），商定在那里出书。无论当时还是现在都是最强阵容。

—— 唔，太好了！

村上 较之自己东奔西走做什么，周围人帮忙的时候更多。啊，想必是那种势头似的东西形成了。

—— 见了好多经纪人，您认为其中宾基最好，那可有什么原由？

村上 什么理由呢？说话非常爽快这样的原由是有的，另外当过雷蒙德·卡佛的经纪人，这点也可能有很大关系。或者说她是所谓“卡佛团伙”的一员，这让我从一开始就感到十分亲切。

—— 自那以来同宾基也合作了二十五年。

村上 较之经纪人，感觉上已经成了“同伴”。

—— 也是因为是同一代人。

村上 我想，美国的，或者说外国的出版体系，要比日本的痛快，办事容易。

—— 在哪方面感觉出来的呢？

村上 首先是有文学经纪人，其次是出版社的编辑也有足够的地位，此外加上作家。事情围着这三者转。日本嘛，出版社和作家是直接贴贴靠靠的关系。而且同几家出版社之间都有这种情况。那到底让人筋疲力尽啊！况且，编辑说到底是职员，部门很快有变动。例如写长篇小说当中编辑换了，全然无可奈何。而美国基本不会有这样的事。因为较之职员，编辑更是专业人员。日本的出版社嘛，相比于和作家的关系，社内情由优先，作家实在受不了。

—— 长期那么做过来的。关键时刻换了责编，或者再怎么拼命赶出稿来也来一句“原来是这样的东西”的感觉也是有的。另一方面，因为不可能像美国那样形成版税预付制度，所以先在文艺刊物上发表获得稿酬，对于大部分作家就成了重要程序。经纪人也很难作为工作做下去。这样，作家和编辑的关系就宝贵起来。

可是，如果所谓市场规模能变得像您那么大，尽管也可能出现各种各样的烦心事，但本人毕竟可以闷头写作。是吧？这方面的平衡是怎样的呢？

村上 作为自食其力的作家，我诚然是以自己喜好的步调这么写小说的。不过从经济体系的观点看来，不过是生产小说这一商业成品的一个生产者罢了。就是说，我已被纳入类似“村上春树产业链”的组织当中，有我的几名助手，有出版社，有经纪人，有书店，有亚马逊……情愿也罢不情愿也罢。说到底，我不过是“村上春树产业链”中的生产责任科长罢了。（笑）至于产出的是金蛋、银蛋还是铜蛋，那可就不清楚了。这么一想，就好像有些透不过气来。

—— 恨不得全都算了，返回一人状态——没有这样的心情？比如虽说并非什么都讨厌，但就是想回到最初可以不给任何人发工资的单单写作的归零状态……

村上 啊，那个嘛，只要书卖不动了，马上就能返回。告诉助手：“卖不动了，对不起！”然后解散公司，重新成为一个人，想干什么就干什么，也只能这样。是吧？

—— 可是不会卖不动的吧？您的环境怕是要一直持续到最后关头。

村上 那种事谁知道呢？脑袋哪里糊涂了也不一定。人生，往前一寸就漆黑一片。

—— 那么，作为“村上春树产业链”的负责生产的好生了得的“科长”，要是发行册数稍微比上回少了，难免“哦”一声惊呼？

村上 不惊呼。那是家常便饭。

—— 好比说少到这里的册数属于容许范围什么的。作为“科长”的底线那样的东西也没有的？

村上 没有，并没有。

—— 从商品这个侧面看，发行量当然也是重要的。不过小说家嘛，说句实话，其他什么都不需要的吧？除了小说。

村上 概不需要。我喜欢写小说，不怎么外出游玩。过着早起早睡的生活，夜生活几乎是零。若问为什么能坚持过这样的生活，因为能写小说。我能在一定程度上写好小说。小说比我写得好的人，客观看来为数不多，世界上。

—— 听得一句宝贵的话：小说比我写得好的家伙不多！

村上 非我自吹自擂，怕是没那么多的吧！毕竟是专业写东西的，大体。在第一线专业写了差不多四十年，书也能在某种程度卖出去，我想还是有两下子的。所以很开心的，写东西。想到比我做得好的人不是那么多，做起来就开心。例如做爱也不差，可是做爱比我做得好的人，这世界上肯定比比皆是。（笑）倒是不曾实际目睹……

—— 那、那是那是……（笑）但小说家不同。

村上 小说家不同。这事恐怕只有我做得来——有这样的充实感。“如何，不至于对不起你的吧？”这种充实感绝对无可替代。（笑）

—— 哲学家明显是那样的。确立命题阶段也不例外，有一种唯独自己才能就此命题思考到这一地步的自负。必定跨越迄今为止的学说，提出新的思考——没有这种“昂扬感”和“自大感”，知性作业就无从谈起。是吧？那是很大的驱动力，我想。

村上 所以没工夫想多余的事，不妨说。反正眼下我是因为喜欢才做小说家的，想继续做下去。因此，销量下降就下降好了，或者书写不动就不写好了，马上关门大吉，在青山一带开爵士乐酒吧就是。那也是我想做的事。

｜死了会怎么样

—— 对了，村上先生，有没有过想死的念头呢？

村上 没有啊，那个。

—— 一次也？

村上 我想没有。

—— 青春期那时候也？

村上 不好意思。（笑）

—— 就算没考虑过自杀，我猜想您也是有接近死那个东西的阶段的吧！实际上也好观念也好。对于死那个东西，可曾有过什么想法？哪怕一般性恐惧也无妨……

村上 啊，死是未经历的事，所以尽管设想过那是怎么回事，而关于死却没怎么深想。

—— 没多大兴致？

村上 父亲死了，母亲也上了很大年纪。但面对死亡，并不觉得祖父祖母时代的死离自己很近，无非心想："啊，人总是要死的！"不过面对自己父母这代人走向人生终点，还是觉得切近的，切实感到死就是这样一个东西。因为还记得父母年轻健康时的事，所以眼看那样的人慢慢年老体衰、走向死亡，还是有相应考虑的。因此并不是没有考虑死亡，只是现在想的更是活着的时候只能尽可能好好活下去。就我来说，就是只要能写就写小说。

呃，又要说起布鲁斯·斯普林斯汀，他和我完全同龄。上次看了帕蒂·史密斯（Patti Smith）的演出，之后也一起吃了饭，她比我年龄大。可是他俩那样的人，精神年龄才三四十岁，绝口不提“我六十八了”，不提“我已经七十了”那样的话。也不让人感觉出来。倒也没打算刻意装年轻，但他们说的、感觉的、想做的，觉得也就三四十岁的样子。

—— 那能明白？

村上 明白，切实明白。啊，这样的人也是有的！用不着装什么年轻，而只要对事物的看法、想法是三四十岁，那又有什么不可以呢？我想。失去那样的活力、一步步走向死亡，想必是很难受的。但只要尚未失去，就不必苦苦想到那个地步。当然那不会永远持续下去，而只要持续……

—— 毕竟父母是您最先见到的人，最先也一起生活最久的对象啊！

村上 假如我还是孩子的时候父母四五十岁了，势必把他们看成十分十分了不起的大人。

—— 那怕是的。

村上 可是，自己实际四五十岁时一看，心想：“什么呀，他们也不过是这个程度嘛！”

—— 比如我的母亲在我这个年龄——四十岁时候有二十岁的女儿，就要有三个孩子。那可真要吓人一跳。

村上 那么，就会后悔为什么当时不好好听话而时不时造反，现在想来。(笑)

—— 您的父母这么渐渐变老，朝那个点走去。难免从父母身上见证或目睹那种衰老。是吧？不过此外也有朋友等人偶发性的死。那些死，到底是有差别的吧？

村上　嗯，同代人的死毕竟完全不同。和我过去经历的人变老死去，即所谓年代性的死相比，种类截然有别。尤其是年轻人，估计观念性色彩是非常浓的。在很多情况下，那要留下活生生的创伤。一如活树硬被劈裂。

—— 就是说您现在还活着，活着期间首先要想活着的事。

村上　是那样的。一来还没有闲工夫考虑死，二来也多少有这样的心情——要把先死去的同代人那份儿好好活回来才行，作为活下来的人。

—— 我们总是观察者啊，关于死。亲身体验那样的事，只要活着就无可能。所有人都一刻不停地老下去。但当下总是旧的。与此同时——说法倒是自相矛盾——当下又总是新的，只存在“当下”。所以在这个意义上，自己死后如何那东西是不存在的。不过围绕死您是会想象什么的吧？是那样的吧？死后怎么样啦……

村上　塞满这板架的这么多唱片会怎么样呢。（笑）

—— 会变得乱七八糟吧？（笑）您本来就不相信超自然性质的东西。所以基本觉得死了就一曲终了，是吧？

村上　就我个人感觉而言。还不曾死过，所以说不定真能上天。天上有审判席什么的，被拉去那里也未可知。

—— 审判席。（笑）

村上　有人宣读我干的好事，有人宣读我干的坏事。如果宣读坏事的人占多数，那可就麻烦了。

—— 但基本上不会有那种事吧？

村上　基本上死仅仅是个零。不过，仅仅是个零是怎样一个零也是没人见过的。

—— 嗯，是不是仅仅是零也不知道。所以也有想法认为考虑死一事本身就很无聊。但终有一死。到底什么会怎么样呢？

村上 可要是真的死了，死如果像新干线快车停在岐阜羽岛和米原之间永远动弹不得，那就麻烦了！没有车站，开不出，又退不回去，直至永远。

—— 那太糟糕了。（笑）

村上 厕所拥挤，盒饭也不来，空调失调，iPhone 电池耗尽，手上有的书统统看完，剩下的只有“一时”。光这么一想都忍无可忍。

—— 不怕，还有一本《WEDGE》。（笑）对了，您说死了唱片会怎么样，说的是够具体的。可您不是拿了很多文学奖吗？比如来个“村上春树奖”如何？

村上 毫无兴趣，对那种事。

—— 设立也可以的吧？为了后人。

村上 NO！

—— 明白了。“NO”写上了，照写不误。（笑）

村上 随你写好了。加上一句：冠我名字的奖切切不可。一想到谁来当评委就……算了，不说这个了。（笑）比如给奖学金什么的，这个我倒心甘情愿，唯独什么什么奖免谈。

—— 以您本人的意志，那是总可以促成的。不过，作为伟大的“科长”，此外必须考虑的事也够多的吧？……实际上钱会动，人也会动。

村上 嗯。所以我认为，书卖几十万册啦，实际影响如何啦，那都是“村上产业链”的问题，不是“科长”个人问题。“科长”只是科长一个人默默干活，“产业链”在离开些的其他建筑物里。

—— 本来是一个人单枪匹马，但随着事情越做越大，自己一一管理不过来了，这才成立事务所或雇用经纪人。是吧？我周围也有很多。当然，就资金方面来说，您大概没有任何担忧。而我问那样的其他人“不怕吗？是为了维持基础设施才开始工作的吧？”结果，大家都和您的回答一样：“不行了就来一声‘解散’，没什么好担惊受怕的！”

村上 一点不错！日产也好，夏普也好，东芝也好，雷曼兄弟也好，山一证券也好，都已经成了那样子。所以“村上春树产业链”某一天忽然土崩瓦解，那也毫不奇怪。倒不如说，这么连续存在近四十年已经是奇迹了，或许。

| 语言是独自行走的东西

—— 好了，今天是采访最后一天了，啰啰嗦嗦问了很多。例如对死亡的恐惧。活着、死亡的另一侧、那个世界的状况，我甚至觉得说不定和这本小说里的“理念”和“隐喻”有关。

这回有“理念”和“隐喻”字眼出现了，并且成为举足轻重的概念。至于理念和隐喻是什么，以及双重隐喻究竟是什么……您自己也不明白。这点我懂了，不过还想多问几句。

上次采访，您说“理念”一词是忽然出现在自己脑海的，就用上了。可是，理念这个词用得相当普遍，在某种意义上也可以说类似“既成概念”。假如想回避使用此词造成的误解，我想您是可以造一个新词的。您在那里故意或者情不自禁地使用这个词是为什么呢？

村上 前面也说了，这本书中我使用的“理念”，同辞典释义的理念相当不同。如果把理念这个词往上抛，那么空中各种各样的东西势必飕飏贴附上来。那种贴附方式，因上抛的人不同而不同。就我来说，乃是容易吸附更多东西的、更为宽容、更为广泛意义上的理念。

所以那是和查辞典看到的“【理念】观念”之类含义有所不同的东西。那的确是观念性的，而又具有无限宽广的可动域的东西。假如造一个新词加以替代，那么可动域的含义就要减弱。因此，我很想把理念这个随处可见的既成语汇、进一步说来这个已经沾了不少手垢的语汇作为工具来使用。觉得这样反而能够变得自由。

“隐喻”也同样。并不全是原有“暗喻”含义上的隐喻，不妨视之为具有更广范围的磁性的什么，看作具有那种吸引力的什么。因此，对于我，这个语汇也是比较自然浮现出来的。例如骑士团长说“我是理念”，长面人说“我是隐喻”，但类似自我申报的身份那样的东西，同一般所说的理念和隐喻恐怕大有区别。

—— 您是说需要的不是所谓“理念”和“隐喻”的原义，而是这两个字眼所具有的意象的一部分、某种意义上的丰富性。话虽这么说，这本小说中出现的骑士团长和长面人的存在状态，其区别可是毫不含糊的，是吧?

村上 大概有所区别。我也不大清楚。(笑)

—— 长面人不说自己是理念。

村上 不说是理念。

—— 骑士团长不说是“隐喻”。

村上 不说。

—— 在这个意义上，首先就是不同的存在。倒是我的心血来潮，我觉得理念的意象所在皆是无边无际，而隐喻则多少受到限制，或者说有所拘束。

村上 是啊。依据长面人本人的说法，隐喻只能存在于关联性之中。与此相比，理念和关联性无关，可以作为一个独立物存在于任何地方。所以，隐喻是较理念约略等而下之的存在，“长面人”这样谦恭地表示。

—— 双重隐喻的的确确是双重的。

村上 呃——，究竟是什么，我也几乎不晓得。（笑）不大晓得，但反正是相当危险的、不可随便对待的东西。

—— 但出现在同一幅画中。

村上 那是的。

—— 隐喻和理念。都涉及了。

村上 双重隐喻是隐喻脚下的东西，是吧？个中缘由，我也解释不好啊！我也和“长面人”一样，难的东西弄不清楚。（笑）

—— 可是，“弄不清楚”的感觉，对于写作正当中的您来说，莫不是极有现实性的？

村上 呃。所以，理念和隐喻和双重隐喻这样的“用语”比较容易出现，出现得实在太容易了，以致未能正经考虑那是什么。写起小说来，这种情况是常有的。尽管自己坚信不疑，却哪里都没有坚信的根据。

—— 没有方向性引导的意图？比如心想读者会这样读的啦要在广大范围内促使读者深度阅读啦什么的。写的本人也不知道在写什么，这是村上作品共通的结构，是吧？没有守护这点的意识？

村上 无关。只是想起了语言，而那些语言独自行走，就此写了下来。它是自行其是行走的，我什么都不好说。我不可能向独自行走的语言搭话：“喂，往下要去哪里啊？”“饭吃了吗？”等等。

—— 例如《海边的卡夫卡》出现的隐喻。有“世界是隐喻”那个时候使用的隐喻……

村上 哦，我那么写来着？

—— 是的，大岛说的。那个说法，即使在实实在在的现实性世界中也是无法否定的。真实的世界在那边，我们目睹的仅仅是那个什么的作为投影、预兆、隐喻的表现——这是为数相当多的人都相信的故事。那也是隐喻，这也是隐喻……对于理解的人自然成立。举个例子，您在《海边的卡夫卡》中使用的隐喻和这回的作品中使用的隐喻这个词之间是有区别的吗？

村上 有区别。

—— 重要认证。

村上 那个嘛，看作部落名称即可。

—— 部落名称？

村上 有“理念”这个部落，有“隐喻”这个部落——如果能这么看，就更容易理解了。或者认为有“理念团队”有“隐喻团队”，那些人就这么称呼自己。至于那是否真是理念真是隐喻则不得而知。只是本人那么自称而已，奈何不得。（笑）我们是“理念团队”、“隐喻团队”，请多关照——这样认为怕是要好一些的。

—— 任凭多少都能深读啊！反正您的小说是有很多人深读的。

村上 好像。

—— 反过来说，不妨说是同时具有只有深读才得以成立的结构。作为作者，心情怕是不坏的吧？

村上 不清楚啊！那终究是读的人的自由，不是我可以指手画脚的。

——“作品、作者越来越复杂越来越有底蕴，好，只管干下去！”——

这样的心情可是有的？村上即使不说明也能作为版本成立的东西，怕是没必要特意说明的吧？我是这样想的哟！不过，一来以此为职业的人也是有的，二来也有人有此兴趣，所以我想那不应该由我多嘴多舌。何况无需说明的东西偏要说明，那岂不是劳多益少的事？

—— 在小说这种知性活动上也同样吧？就是说，深读和批评又可能有所不同。所谓批评性态度没有必要？

村上 是啊……比如音乐是最容易理解的。听一下贝多芬钢琴协奏曲的第三十二号第二乐章，那分明是美妙音乐，无需任何说明。一听就懂。可是评论家要一一说明。例如（仅仅是例如）有这样的说明：贝多芬的观念性达到一个高度，透彻的清冽性与少许诙谐残渣相互纠合，那宛如……这点即使不说明也是好端端自成一体的，然而非加说明不可。为什么呢？艺术文本——无论怎样的文本——都无法否认其商品属性，这是事实。而且其中也有“被说明”这一侧面。对于不需要这东西的人诚然无用，却又不能排除喝令停止。也没有排除的权利。我个人倒是对那东西没多大兴致。

想比真正的炸牡蛎还更能刺激食欲

—— 是那样的吗？例如您在《为了年轻读者的短篇小说导读》中是加以解读了的吧？指出一部部作品的结构，解读得别开生面。那对于读者也是极有意义的事，即使对您而言。

书中回避“这篇小说是这样的”等俨然正解的说教，而总是采用“也可以这样来读”的说法。此外还立足于也有读不懂的时候这一弹性之上，慎重地表示“自己是这样读的”。如您在书中所说，那里讲的也许不是批评和评论，但在显示一种文本可能性这点上，我想并没有多大差距。然而您时常采取无此必要的立场。

村上　我在《短篇小说导读》中做的，归根结底类似一种“艺”。读了这样一本书，比方说如此读法是可能的，把这个写出来……

——　披露出来。

村上　是的，披露出来。所以，与其说是评论，怎么说呢，倒不如说接近文章技艺。我想我是以文本为基石来讲述我自身的人生状态。

——　那么，那里写的，等于是您本身心目中的文章了？

村上　始终以我的文章为主。把读小说这一行为化为文章，确认能把文章化到什么程度。

——　不是评论，是写文章。

村上　嗯。所以我在那里没提出任何结论，是吧？“也有这样的读法，我是这样读的。但这么读也有意思”——说的是这种话，同批评和评论什么的相比，那是一种述说。

——　多数评论家和批评家，大概是与此无缘的。构造的指点也好主题的强调也好，若换成自己，可以这样读这部作品——基本上以某种置换来披露技艺这一意识，我想您是有的。

村上　对了，小说家如此这般写的同评论家评论的，二者无论如何都是有些差异的。

——　有差异感。

村上　总而言之，我在这本《短篇小说导读》中想做的，是展示“事物看法”的一个样品。读小说的时候也有这样一种读法——只是如此展示若干视角，而不是说小说要这样读、这个是这样的意思。这本书本来是以在美国一所大学里的讲义为基础写成的。就是说，相当于抛砖引玉：我是这么读这部作品、这么思考的，请让我听听你们的意见可好？实际大家也从那里叽里呱啦开始讨论来着。妙趣横生啊！美国大学的班级活跃。反正不是评论。读书当中我所追求的，是排除“什么什么主义”那类理论武装的自由。

—— 当然批评也因读书自由这个前提而成为可能的。但您所说的自由，是作为目的的自由或者过程中的自由，是吧？

村上 我也相当喜欢写写音乐什么的。不是评论，单纯就听音乐的欢欣信笔涂抹。用文章来表达音乐是非常难的。例如如何把贝多芬的D大调钢琴协奏曲八五〇号置换为文章等等。其难度不亚于怎么写炸牡蛎。

—— 出来了，炸牡蛎。(笑)

村上 炸牡蛎怎么炸才香？怎么炸才能发出吱吱诱人口水的声响？用文章描写这一情形我也喜欢。而不说：“不就炸牡蛎吗？自己炸一炸就知道了！”我要尽量用文章写得绘声绘色。那对我是写好文章的重要训练。

—— 而且，用文章营造那种“炸牡蛎感”——炸牡蛎的真实体验——这很关键。

村上 是的是的。反正读了我的那篇文章，就对炸牡蛎垂涎三尺。或者读了那篇文章就想喝啤酒想得要死要活——总之我喜欢那种物理性反应。并且有进一步打磨那种技术的强烈冲动。反正想把物理性“欲求不满”嵌入读者心中，让读者非把炸牡蛎吃到嘴不可。喜欢那样的文章，我个人。

—— 那时可有想超越现实炸牡蛎的心情？

村上 这个嘛——，电视上不是有看上去极好吃的炸牡蛎画面吗？不是那样的，而是光看字就想吃炸牡蛎想得昏天黑地——想写那样的文章。

—— 有超越炸牡蛎的意志。

村上 嗯，想比现实中的炸牡蛎更能刺激读者的食欲。

—— 明白。那就是文章纯粹的魅力。

村上 不错。所以，即使《短篇小说导读》也很想让读者产生反正就是想读这里点评的书，有这个心情。

—— 大部分批评家，都用自己的技术和解读针对作品制造另一个结构，并为那种能力的精确感到自豪。而您在《短篇小说导读》中做的，是如何能用文章把自己感觉到的作品的妙处表达出来，仍希望读者读文章本身。有这种动机，是吧？那么读不对啦、逻辑有破绽啦、哪个论点更强有力啦——这些对于所谓一般批评的评价套不上。

村上 相比之下，“我是这么看的，你们的意见呢？”——这种类似班内讨论的氛围很浓。还有，明确说来，我不大想写自己讨厌的、不喜欢的东西。举出自己喜欢的东西：“这个好哟！毕竟好成了这个样子！”——尽可能以这种心情写文章。

—— 那里不同的啊！

村上 不同，那里不同。所以我约束自己不写书评和影评什么的。为什么呢？因为只想写自己真正喜欢的东西。

—— 那么，不管喜欢不喜欢，反正就是想对评价低的东西说点什么，会这样想吗？

村上 想，当然。不过，那里需要幽默感。说是特赦感也好什么也好，总之必须有巧妙地轻轻闪过、擦肩而过的余裕才行。嗵一声撞个满怀是不成的。

—— 那也是收敛成“文章”的问题吧？

村上 嗯，一点不错！

| 善的故事和远古洞穴相连

—— 好了，这次的采访也差不多接近尾声了。第一次采访听您讲了村上作品中的“恶”——当然也可以说不存在恶本身——“类似恶的东西的形态”及其演变。最后希望您多少讲几句“恶”。

比如写“恶”那样的东西的时候，考虑过自己现在写的“恶”是何种程度的“恶”这样的问题吗？或者不妨说这是尚未描写过的恶的表现这样的认识。

全世界古往今来的大部分作家都写了恶。我个人认为文学的“恶”含有总是指向最高形态的原则那样的东西。就是说，“恶”被书写的时候，“恶”开始指向最恶的“恶”。那是“善”所不具有的“恶”的魅力。令人兴味盎然的是，“善”没有那种指向性，但美里面似乎有，这是我的想法。这点姑且不论，而让人想看、想写谁也没见过、不曾存在的最恶的“恶”的，我认为在深层次上恐怕是和我们潜藏的欲望和暴力性那样的东西结合在一起的。这样，您感觉您本身可以写“恶”那样东西的质感的时候，您意识到那是何种程度的“恶”呢？能不能对既往文学或者您本身一路写来的“恶”加以更新呢？在这点上。

村上 我还没有写过纯粹意义上的“恶”，可能也不想写了。所以那是怎样一个东西，就没怎么认真思考过。不过眼下我视为最大的“恶”的，仍是体制（system）。

—— 你思考的“恶”之意象，是体制。

村上 再说明确些，是国家啦社会啦制度啦这类刚性体制的“恶”。当然我并不是说所有体制都是“恶”、不是说体制抽离的东西全都是“恶”。无可避免地酿造、抽离那里边善的东西当然也有许多。但是，一如所有东西都有影子，任何国家任何社会，“恶”都纠缠不去。它既潜伏于教育体系，又藏身于宗教体系之中。那种“恶”实际正在伤害许许多多的人，有时甚至置人于死地。我是铁杆个人主义者，对于那种体制的“恶”强烈怀有敏感的戒心。很想再写一写那种东西的形态。问题是写起来势必成为政治诉求，而这点我是无论如何都想避免的。那不是我所期望的诉求。

—— 举个例子。刚才也说到奖了，您每年都为诺贝尔奖的事被议论纷纷，已经到了白热化程度。估计年年都搞得您很心烦。在那样的议论或语流中，也有意见说日本的作家也应该全面书写政治性的东西。

村上 哦，真的？

—— 嗯。就您而言，有意见说：“如果村上春树想拿诺贝尔奖，那么就有必要明确写政治。”还说毕竟奖项的基本性质是那样的。此外有人认为就算诺贝尔奖另当别论，刚才也说了，作家——即便不是政治型的——也应该把现实事件和社会性问题作为小说题材。还有人说尽管有想象力因素，但归根结底只在安全地带写自己的个人实感，那种温吞水似的东西有什么用呢？当然您是有巨大影响力的，可是您和所谓政治性东西划出一条界线，使之不至于成为政治诉求……

村上 我倒是认为自己写的东西是相当有政治性的……

—— 当然也可以这么解读。可是，那终究是深藏在一层又一层的隐喻之中的。想读是能够读取的。以这本书为例，书中出现了德国纳粹和南京大屠杀。不过，“如果村上春树想拿诺贝尔奖”语境中的人所说的政治性，指的是作为日本作家眼下应该直截了当地面对东日本大地震和核电问题，或者反恐等等。

您不想把社会发生的重大事件和问题直接作为小说主题吗？没有这样的愿望？

村上 没有的啊！那个。

—— 是为了小说？还是您本身没有？

村上 就算写那样的东西，也不想直接放进小说里面，当然我是指以直接诉求那一形式。相比之下，更强烈的心情是：对许多事情隔一段时间、隔一些距离来看，以那样的视角重新审视此时此地存在的事象。

—— 纵然回顾过去的问题，也不是写实，而一定使之潜入故事之中，是吧？

村上 是的，那是我的基本小说观。

—— 以前一次采访中，记得您曾使用“硬着陆”和“软着陆”加以回答？

村上 记忆中好像说过。

—— 您说震灾啦社会形势啦，对这类所谓硬性现实，我们小说家能够做的事不多。故事能起到的作用是“软着陆”。至于具体是怎样的则无法说明。重要的不是把硬性东西进行硬性处理，而是以好像给透明人穿上外衣的形式看清问题的轮廓。

村上 是啊，是我自己说的，我想那大约是正当的见解。我曾就地铁沙林事件彻底进行调查采访，花了一年时间，觉得终究只能写非虚构作品。

—— 没有把那一事件直接写进小说的心情?

村上 完全没有。

—— 那是为什么呢?

村上 问为什么也无法说明。但本能地认为还是不写成小说为好。所以采用完全原模原样的形式，不加任何解释地把从受害者口中听得的话连续叠积下去。应该把我想讲的全部讲了出来。即使不刻意掺进自己的话语和解释，对于作为小说家的我也是比什么都有意义的事。若在那里掺进自己的话语，就可能成了谎言，我觉得。小说这东西当然是捏造的，但我不想说谎。对于对方的述说我几乎没加入自己的反应。那本书受到了相当强烈的批评，说“没有主体性”什么的。但我认为自己做的没有错。

不过，我把从那本书的调查采访中学得的东西后来悄悄穿插到好几本小说里边。那的确是弄成双重、三重隐喻使用的，或置换成其他形式，估计别人看不出来。但我在那里钻过的故事，在多种意义上成了我的小说的原动力。

—— 能够在您身上语言化?

村上 某种程度上能够。

—— 就是说不至于全都语言化?

村上 嗯。举个具体例子。《青蛙君救东京》里面有个在信用银行工作的人吧?被无赖团伙打了的人（注：收于二〇〇〇年版《神的孩子全跳舞》)。

—— 片桐。

村上 是的。那个人的部分原型是我采访的沙林毒气事件受害者中的一个。他对我讲了事件发生时的事、工作上的事、自己生活的事，讲了很多。我听录音带写成原稿。给他看了，不料他说：“这不太合适，不希望弄成书。”我劝他说：“那个地方我处理一下。”但横竖不行，没能放进书里。而写《青蛙君救东京》的时候，那个人的几段话就成了素材。话虽这么说，故事则完全是另一个故事。但不管怎样，毕竟青蛙君的出场与此有关。

—— 那是唯独您晓得的核心要素，非虚构和虚构作品交融互汇。

村上 一旦让它从自己心中穿过而作为故事的一部分改头换面，将现实事物放进虚构作品中诚然可以，但放进活生生的诉求，我是很难做到的。不想那么做，即使那么做能拿到全世界的文学奖。（笑）

—— 这也可以说是村上春树这位作家的一个伦理。

村上 说到底，以直接的形式写进小说，无论动机如何，结果都是小说性利用遭遇事件的人。我不愿意把有悲惨遭遇的人就那样以虚构形式加以利用。这不限于那类重大事件，在日常生活层面也是如此。

—— 也有能够把重大事件和案件写进自己故事的作家啊！因为指向什么只有那个作家能看见，所以尽管不能一概而论，但至少对于村上春树这位作家来说，对那种做法有“利用”的感觉。——不能把时事性的东西、实际发生的事、真正在那里流血的事件，以及悲痛、愤恨那样的东西利用成为自己的故事。

村上 如果利用，莫如在演讲那样的场合利用为好。我想作为实际自己发声的演讲直接诉诸眼前的人们，想作为声明明确表达出来。作为我也还是那样容易承担责任。过去领耶路撒冷奖时也好，领巴塞罗那的加泰罗尼亚奖时也好，领柏林的《世界报》奖时也好，我自以为作为我发出了同时代相应的政治诉求来着。抵触当然有，但接受的人是完全接受了的：“讲得好！”

只是，无力感还是有的。因为不管我说什么，世界都不会发生变化，反倒好像慢慢变糟。见了，心想往下怕是只能写小说。比如，就算我具体做政治性发言，想必对此持反对意见的人也要马上反唇相讥，用高音喇叭什么的。与其卷入这一层面看不见亮光的无聊争论，还不如厕身其外，把自己的小说、把故事那个东西迎面砸过去。只能使用同高音喇叭和“脸书”之类完全相反的办法。

—— 小说家已经再没闲工夫参与那个了。

村上 纯属徒劳。

—— 我们写小说，人们读我们写的故事，虽说不能马上作为信息传达给大家，但那只是战斗方式不同，而同是一种战斗的充实感是会有的。

村上 是的。以南京大屠杀问题为例，否定的一方备有预设问题集那样的东西。若这么说，对方就这么应对；这么驳斥，这回又这么反击——模式早已定下，无懈可击，一如功夫片。可是，如果换成故事这一版式，就能超出那种预设问题集，对方很难有效反击。因为对于故事或者对于理念和隐喻，对方还不知道如何反击好，只能远远围住嚎叫。在这个意义上，故事在这样的时代反而拥有百折不挠的力量，不妨说前近代的优势，如果那是顽强的“善的故事”的话。

—— 前近代的优势。就是说能够幸免于难？

村上 说幸免也好什么也好，反正若不能凌驾其上，是不会有故事的力量的。

—— 您催生了作为“善的故事”行之有效的小说，通过被无数读者阅读而使得——尽管不至于“大象重返平原”——同五花八门的邪恶势力和“恶”那样的丑类相抗争的战线作为某种力量存在于世。现实这个东西，乃是各自带来的故事的集结，或者由于集体无意识而形成的东西——可以这样说的吧？

村上 邪恶故事的一个典型，就是麻原彰晃捏造的故事。

—— 是的。

村上 把人诱入四面合围的场所，在那里边彻底洗脑。最后令其滥杀无辜。在那里发挥作用的，是以最恶形式出现的故事。而作家必须创作广为开放的故事，而不是封闭线路的恶意故事。向世界提议、提供的必须是能够相互接受相互给予那样的状况，而不是把人圈在里面榨取什么的东西。我为《天黑以后》取材当中这种想法非常强烈，刻骨铭心。心想这实在太不像话了！

—— 开放的故事。

村上 若说那种故事的"善性"的根据是什么，总之就是历史的重量——几万年前人在洞穴中讲述下来的故事、神话，那类东西至今仍在我们身上承继下来。那是"善的故事"的土壤、基盘，成为健全的底蕴。我们必须予以信赖和信用。那是具有足以承受漫长时间的强度和重量的故事，同遥远往昔的洞穴深处一脉相承。

—— 您不认为神话和历史的重量本身正在失效吗？村上先生。它们所保证的善性本身……

村上 根本没有失去。

—— 感觉上那还没有开始，是吧？

村上 或者莫如说，现实中一直延续至今，不间断地。故事的谱系在人类历史中从未间断。据我所知，一次也不曾，哪怕一次。所以，可记得弗朗索瓦·特吕弗导演的《华氏 451》？雷·布拉德伯里原作。即使再焚书、再杀害作家、再把读书的人全部关进牢狱，即使再摧毁教育体系不教孩子识字，人也还是要躲在森林深处不断讲述故事，如果那是善的故事的话。

—— 就算没有纸，而只要是善的故事也会延续。

村上 即使没有纸，人也要讲述下去。“脸书”啦高音喇叭啦的历史，连十年都谈不上。

—— 将来变换怎样的形式持续多长时间虽然不得而知，但现在是这样一种情况。

村上 相比之下，故事大概已经持续了四万年五万年之久。积淀全然不同。无需惧怕，故事不那么容易消亡。

—— 在这个意义上，您相信“善的故事”的力量，那也的确巍然矗立在那里。

村上 嗯。我要继续大声把自己的故事讲述下去。如果方便，请来我的洞穴好了！火要烧得旺旺的，还有烤焦的野鼠肉什么的。（笑）

—— 好了，我想归纳一下。三次……不，还要多，加上《MONKEY》那次，四次采访下来，关于您的小说和您本人聆听了许许多多。而准备阶段预备的东西基本没有什么用。（笑）这也是因为，“那个是那样的、这个是这样的”那种在某种意义上类似常识的“读解”，在谈论您和小说的时候几乎派不上用场。请看我的笔记本……年表当然是社会性事件的关联图，《刺杀骑士团长》的图也画了哟……一边画一边心想这可能毫无意义。但老实说，没以为会无意义到这个地步。（笑）

不过，一开始说的“请一起进入井下”那种心情或方法，到底一成未变。作为我看到了只能在交谈中看到的东西，得以有了我个人的下井体验。如果您也有一两次那样的瞬间，也有“啊没觉察到啊！”那样的体验……

村上 就像上广播节目似的。（笑）

—— ……（笑）但愿能有。

不过，采访这东西想来真是不可思议的行为啊！虽是一问一答，但讲的全都是真话。我想被问的人应该，也必然老老实实回答。采访当中所讲述的，我想基本是真实的，尽管一个保证人也没有。本来怎么说谎都未尝不可……

村上 没说谎，下意识的捏造倒可能有……

—— 当然我不认为你会说谎。（笑）怎么说呢，对于您的回答嘛，有人可能读取了更深层的东西，也可能有人接受的是和我不一样的东西。所以，但愿这次的采访并未到此为止，而成为通向理解将来村上作品的"通道"，但愿起到这样的作用。采访就此结束。

村上 不过嘛，我时不时心想，若偶然读得我过去的访谈，讲的说不定和现在的完全相同，三十几年前的访谈中。

—— 真的？

村上 问的回答了，没问的不回答。所以，尽管每次说的多少有所不同，但所强调的大同小异。是好是坏不清楚，反正那就是我。

但不管怎样，这都是够折腾人的采访啊！（笑）往下两年可能概不开口了。

—— 那好，两年过后务必开口。（笑）实在谢谢了！

（二〇一七年二月二日于村上春树府上）

写在访谈后

村上春树

“这么沉闷无聊的回答，很对不起！但对于沉闷无聊的提问，返回的只能是沉闷无聊的回答。”——海明威在哪里一次访谈中这样说道。我也在迄今为止的作家生活中接受了为数不少的采访，重复了几次恨不得这样说的体验（彬彬有礼的我当然没把这样的话说出口来）。

不过这回和川上未映子一共做了四次访谈，完全说老实话，让我怀有如此体验的时候一次也没有过。或者莫如说每次都有新鲜尖锐的（有时分外痛切的）提问直扑而来，每每让我不由得出一身冷汗。各位读者读这本书，想必也会切身感觉到那种“劈头盖脑之势”。

我不大喜欢作家之间的对谈。成为作家之初做了几次，很快作罢。但以访谈这一形态同其他作家交谈，我以为非常不坏。无论采访者，还是被采访者，都会因对方而使得内容变得相当有趣。这是因为，在访谈这一形式中，采访者的责任和被采访者的责任有明确区分。我中意这种勇于担当。

二〇一五年七月为《MONKEY》杂志以《作为职业的小说家》为中心，接受了以川上为提问者的长时间访谈。当时我很想“再和这个人长谈一番”。因为她把不同于我以前接受的任何采访的那类问题迎面砸了过来。并且毫不胆怯地从各个角度反复提问，直到自己释然为止。而在一个个回答那样的提问当中，我在自己心中发现了我本身迄今从未想到的意味和风景。

因此，当有人提议可不可以接受她进一步的采访，然后出一本书的时候，我心想那也许很有意思。但正值写《刺杀骑士团长》期间，于是暂且保留答复。终于写完时，答复说“如果仍然可以的话”。就这部作品好好坐下来交谈，那到底会成为怎样的访谈呢？作为我也兴味盎然。

结果如何呢？

“没有无聊的空儿”——作为我只能半叹息着这么说道。不不，完全没有无聊的余地！海明威先生！